新 将命
MASAMI ATARASHI

他人力のリーダーシップ論

MAXIMIZE THE POWER OF YOUR PEOPLE

はじめに

ひとりの人間ができることには限界がある。

店舗を経営するにしても、経営者の目が十分に届くのは、せいぜい3店舗まで。もし30店～50店と多店舗展開をしようと思えば、他人の力を借りなければならない。

古来、一国を築いた英雄であっても、たったひとりでその偉業を成し遂げたのは、神話時代の創造神を除けば、人類の中ではどこを探してもひとりもいない。

万能の天才に見えた豊臣秀吉でも、黒田官兵衛や竹中半兵衛という腹心がサポートしていたし、そもそも徳川家康という「他人」の力がなければ、秀吉が群雄割拠《ぐんゆうかっきょ》していた武将たちを配下に置くことはできなかった。

全国に散らばる戦国武将たちは、当代一の武将という評判の高い家康が秀吉の下に従ったのを見て、時勢が秀吉側にあることを悟り、臣下となったのである。豊臣政権を創った陰の主役は家康であるともいえる。

しかし、豊臣政権は秀吉亡き後、家康という巨大な他人力を使いこなせなかった。一方、家康は、「功あるものには禄《ろく》を与え、能あるものには地位を与える」という巧みな他人力の用い方によって、徳川300年の基盤となる体制を築いたのである。

他人力が使えなければ、大きな仕事はできない。

どんなに強い将軍であっても、戦場で戦うのは将軍ではない。戦いの規模が大きくなればなるほど、将軍に求められるのは用兵の技術、兵を動かす力である。

戦うのは兵隊、作戦を立てるのは、昔なら軍師、近代戦では参謀である。将軍の仕事は、これらの人々の力を最大に発揮させることにある。

「才は用いられるもの」という。

個々のスキルや才能は、用いられてこそ輝きを放つ。才を用いることができるのは、リーダーである。リーダーの仕事とは、個々のスキルや才能を見抜いて、花開かせることにあるといえよう。

才を用いる立場の本物のリーダーには徳が求められる。

才ある者を動かすには、才に加えて徳が必要なのだ。才だけの人を才人という。才に徳が加わって「大人」となる。もし、家康の姓が「徳川」でなく「才川」であったなら、江戸時代は300年も続かなかったかもしれない。

「他人力」というのは、耳なれない言葉である。

しかし、私は編集者からこの「他人力」というテーマを示されたとき、「これは私のテーマだ!」と直感した。「他人力」とは、自分以外の他人が持つ力を認め、その力を生かすことである。他人の力を我がものとする力であり、他人の力を伸ばす力だ。

部下に力を発揮させることも、上司の力を借りることも「他人力」だ。人が集まった状態をグループと呼ぶ。いわば烏合の衆である。集まった人々が同じ目標を共有すると、そこには「チーム」が生まれる。

仕事はチームでやるものである。

私は経営者時代を含むビジネス人生で、終始一貫、チームの力を最大限発揮させる方法について追究してきた。

チームの力を最大に発揮させるためには、チームのメンバー一人ひとりが一騎当千《いっきとうせん》のつわものであることよりも、チームのメンバーの持っている力を糾合《きゅうごう》してひとつの方向にまとめることが重要となる。

２０１６年のリオ・オリンピックの男子４００メートルリレーで、見事、銀メダルを勝ち取った日本チームには、だれひとり１００メートル10秒を切る成果を出した人はいなかった。銀メダルという結果は、絶妙なバトンパスという「チームワークのなせるわざ」である。

リーダーの仕事の第一は、まず、チームメンバーのベクトル（方向性）を一致させることである。

第二に、チームメンバーが、各人の持っている力を存分に発揮できる環境を整備すること、これもリーダーの責務である。

私は、会社全体を見る経営者となってからは、社員全員が持てる力を最大に発揮できる職場をつくることに力を注いだ。

そして第三は、チームメンバーや社員の「自分力」と「他人力」を伸ばすこと、これも経営者やリーダーの仕事である。


チームリーダー時代や経営者時代、私の自己啓発や勉強の眼目は、まず自分の能力（スキル）を磨くことはもとより、チームの力を発揮させる方法について深めていくことだった。

チームのメンバーや社員を「他人」といえるかどうかは迷うところだが、すくなくとも「自分」でないことは間違いない。チームで結果を出す責任を担うリーダーにとっては、「他人力」を生かす能力は、なくてはならないものであり、「他人力」のないリーダーでは結果を出せない。

私は、ビジネス人生で「他人力」を生かすことに多くのエネルギーを費やしてきたと自認している。だから今回、編集者から「他人力」というテーマを示されたとき、すぐに〝これは自分のテーマだ！〟と感じたのである。


では、「他人力のある」人とはどういう人であろうか。

「他人力がある人」の基本条件は、実力や実績もあるうえに、人望の高い人であることだ。

しかし、昨今のビジネスパーソンを見ていると、自分の実績、それも短期的な実績ばかりに関心が偏っている人が多いように見える。どうやら、会社から本当に求められていることを錯覚しているようだ。あるいは、会社もそうした仕事を求めているのかもしれない。

書店に並ぶビジネス書のテーマを見ても、「仕事のスピード」や「周囲に差をつける」という己ひとりの力を高めるための本が氾濫している。自分ひとり仕事が速いだけでは、単に本人が早く家に帰れるだけのことである。

これでは、ひとりのビジネスパーソンのスキルアップにはなっても、ちょっと下手をすると独りよがりの一人芝居に終わってしまう。それでは、チームや会社全体の業績には貢献もせず、たいしたプラスはもたらさないのだ。


大事なことは「周囲に差をつける」ことではなく「周囲を巻き込んで結果を出す」ことだ。そうでなければ、いかなる組織であっても持続的な発展は望めない。

現代のビジネスパーソンが磨くべきは、「自分力」に加えて、もうひとつの実力としての「他人力」なのである。

そして、リーダーの立場にあるビジネスパーソンにとっては、「他人力」こそが「自分力」の重要な一部になるのである。

「他人力」は他人事ではない。非常に重要な自分事である。本書を読んでもらえば、そのことを明確に理解してもらえるはずだ。

平成28年11月　新 将命

Maximize The Power of Your People

CONTENTS

第2章

Chapter 2

他人力のある人とは他人がよろこんでついていきたくなる人

第3章
Chapter 3

無情のリーダーに他人力なし しかしときには非情が信頼を生む

第4章

Chapter 4

他人力の使い手は自己暗示と他者暗示の達人である

第5章

Chapter 5

他人から学ぶことも他人力を生かす手段である

第1章

Chapter 1

究極のリーダーに求められる第二の力「他人力」

Chapter 1-1

ひとりの力には限界がある。会社や組織を伸ばすには他人力が絶対に必要

いまから15年ほど前のことになるだろうか。

私はある経営者から会社の周年行事に招かれた。パーティーの中盤、ステージには往年のスター歌手が登場し、約40分間、彼のヒット曲をメドレーで聴かせてくれた。

経営者は私に、歌手とは10年来の友人で、会社の行事には常にその歌手を招いていると話してくれた。さらに、歌手のワンステージには100万円以上のギャラを支払っていることまで明かしてくれた。

私は、彼の話を聞いて「そんなに高いのですか?」と少々大げさに驚いて見せた。すると彼は得意気に「いや、これでも安くしてくれているのです」と、次のような話をしてくれた。

歌手のステージには、バックバンドの演奏者、ステージ衣装のスタイリスト、メイクさん、それに全般を取り仕切るマネージャーと、総勢10数名のスタッフが裏方にいる。歌手への報酬は歌手が独り占めするわけではなく、スタッフの報酬も含まれているので、ワンステージ100万円のギャラも高過ぎるということはないのだという。

ステージでスポットライトを浴びるのは歌手ひとりだが、歌手ひとりだけではショーは成り立たないのである。

歌手やスポーツ選手は、ひとりの力で活躍しているように見えるが、実際には彼らを支えるスタッフが大勢いる。２０１６年、イチロー選手が元メジャーリーグの選手ピート・ローズの記録を破り、最多安打数の新記録を樹立した。イチロー選手にも彼を支える、いわばチームイチローのスタッフがいるはずだ。

会社を興すのはひとりでもできるが、会社を大きく成長発展させるのは、ひとりの力では不可能といえる。孫正義氏のような桁外れの経営者といえども、その発想を支えてくれる人がいなければ大した仕事はできない。

世界のホンダをつくった本田宗一郎氏には藤沢武夫氏という存在があったし、ソニーの創業者、井深大氏も盛田昭夫氏というパートナーの存在がなければ、世界企業にはなれなかっただろう。経営の神さま松下幸之助氏にも、草創期には、後年、三洋電機を興す井植歳男氏という片腕がいた。自分に足りないものは、他人の力を借りて補えばよい。

そのためには、まず他人の力を見抜き、認めることが第一だ。

他人の力を借りてことを成すのではいさぎよくないなどと考えるのは、人物が小さい、物事の本質がわかっていないナイーブな人である。

先年亡くなったアップルの創業者スティーブ・ジョブズは、奇才であり、天才ではあったが決して他人力の高い人ではなかった。全体主義者、秘密主義者と陰口をいわれ、そのために一度はそもそも自分が立ち上げたアップル社を追われたこともあった。

そして、10数年後、今度はジョブズ自身がアップル社の「他人力」となって、再び戻ってきたのである。アップル社の取締役会は、ジョブズの「他人力」を評価し、呼び戻したのだ。ジョブズ自身は他人力の使い手にはなれなかったが、ジョブズの「自分力」は、アップル社にとって重要な「他人力」であった。

そしてベストセラー「ｉＰｏｄ」「ｉＰｈｏｎｅ」「ｉＰａｄ」が生まれた。

ひとりの力より大勢の人の力のほうが強い

本物の経営者は、他人の力を自分の力とすることができる人なのである。しかし、世の中には自分の成功はすべて自分の力だと考え違いをする人もいる。ひと頃、特許商品から上がった利益は、すべて特許開発者のものとして会社を訴える技術者が増えたことがある。一審では、その主張が認められるケースもあった。

しかし、商品は特許だけで売れるわけではない。

売れるためにはマーケティングも必要であり、販路も開拓しなければならない。ＰＲも必要だ。ひとつの商品を売るためには、多くの人々の創意工夫と労力が背後にある。特許開発者ひとりが利益を独占できるものではない。

結局、多くの訴訟は特許開発者の要求をはるかに下回る金額で和解することになる。

Chapter 1-2

他人力とは人を通じて人を動かし、結果を出すこと

経営者の仕事とは、人を通じて結果を出すことである。

英語では〝Management is getting things done through people〟という。

この〝through people（人を通じて）〟が肝心なのである。

他人力とは、経営者が身につけるべき経営力のひとつにほかならない。

経営力にレベルがあるように、他人力にもレベルがある。小さな組織は、他人力のレベルが低くても動かせるが、大きな組織へ成長発展させるためには、やはり他人力のレベルを高めなければならない。

5人の集団は、ひとりのリーダーが正しい指示命令をすれば、5人を適切に動かし結果を出すことができる。しかし、このレベルでどんなに他人を上手に使っていたとしても、いわば他人を手足のように使っているに過ぎない。そのため、他人力の使い手としては最低のレベル1である。

人が機械と違うのは、自分の頭で考え自分で行動することにある。

言われたことだけをやらせるのでは、他人力を十分に活用しているとはいえない。人に自分で考え、自分で行動する能力を発揮させてこそ、他人力を使って結果を出したといえる。いわば、部下の持つ考える力、行動する力という「自分力」を存分に引き出すのである。しかし、このレベルでもまだ他人力のレベルは第二段階である。

企業の業績に対して、トップが持つ影響力はとてつもなく大きいが、大きな組織はトップひとりの力だけでは動かせない。組織を動かすためには、管理者やマネージャーという、重要な他人力が必要になってくる。

その管理者やマネージャーも、また、個々の力だけでは効果的に組織を動かすことはできないため、部下や、場合によっては同僚や上司という他人力を使って結果を出すことのできる「第2の経営者」としての能力が必要となる。つまり、部下にも「部下のもつ他人力」を発揮させることが、他人力の第三段階となるのだ。

〝オレガオレガのガを捨てて、オカゲオカゲで生きよ〟という俚諺《りげん》とも戯《ざ》れ歌《うた》ともつかない言葉があるが、これこそ他人力を目一杯に活用できるものである

他人力には三段階ある

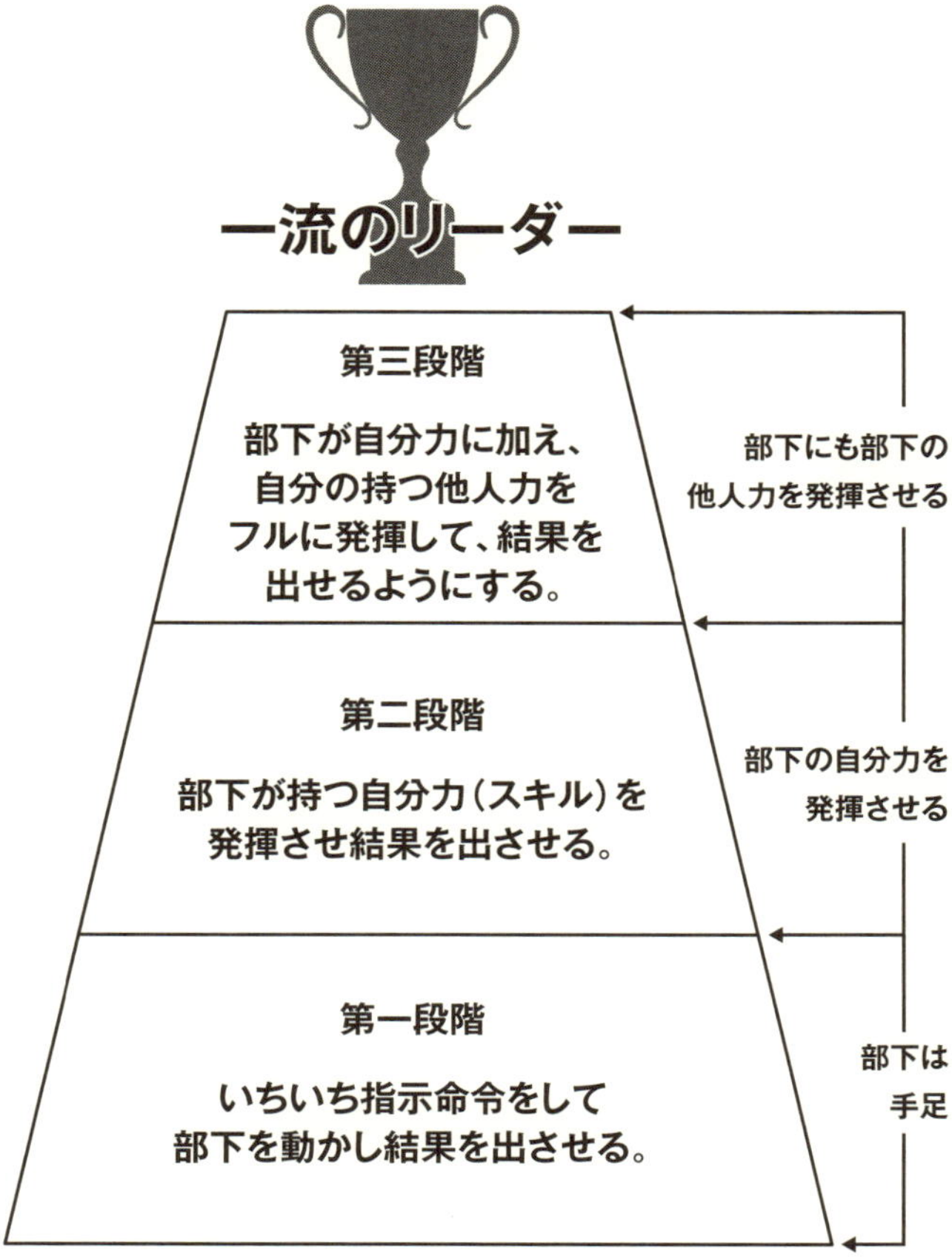
一流のリーダー
第三段階
部下が自分力に加え、
自分の持つ他人力を
フルに発揮して、結果を
出せるようにする。
部下にも部下の
他人力を発揮させる
第二段階
部下が持つ自分力（スキル）を
発揮させ結果を出させる。
部下の自分力を
発揮させる
第一段階
いちいち指示命令をして
部下を動かし結果を出させる。
部下は
手足

他人力は乗数効果

例えば50人の組織で、トップに他人力があれば1×50＝50の力を発揮することができるが、50人の組織で、50人に他人力があれば50×50＝2500の力が発揮できる。

他人力とは、組織で働くすべてのビジネスパーソンに求められる力なのである。

ヒューレット・パッカード（ＨＰ）社を創業したデビッド・パッカードとビル・ヒューレットは、ホンダの本田・藤沢コンビのように、ヒューレットはエンジニアリングと研究開発の部門を担当しパッカードが経営を担当した。後に「歩き回る経営」（Management By Walking Around）と称されるようになるＨＰの現場志向を旨とする経営スタイルは、ふたりが共有している理念の表れである。理念とは、個人を信頼、尊敬することだ。その理念は、ＨＰ社が大きくなるとともに社員一人ひとりの他人力となって表れた。

パッカードとヒューレットは、マネージャーたちに企業理念や目標を完全に理解するように求めたのである。マネージャーの他人力を強化したのだ。そして、その働きかけは「あらゆる階層の社員に理念の遵守を求める」ところまで発展する。

マネージャーのみならず、全社員にも他人力を求めたのである。

Chapter 1-3

項羽《こうう》と劉邦《りゅうほう》の違いは、他人力の差だった

「人生の大病はただこれ一の傲《ごう》の字なり。子にして傲なれば必ず不孝をなし、臣にして傲なれば必ず不忠をなし、父にして傲なれば必ず不慈《ふじ》をなし、友にして傲なれば必ず不信をなす」（王陽明《おうようめい》『伝習録《でんしゅうろく》』）

人生で最も重い病は「傲慢《ごうまん》」である。

私は、経営者には自信がなければいけないが、過信、慢心に陥ることの危険もよく知っておくべきであるし、最悪なのは過信、慢心が高じて傲慢になることだと常に戒《いまし》めている。

傲慢の弊害は、第一に人の話に耳を傾けなくなることである。

秦の始皇帝亡き後、再び中国に統一王朝を築いた漢の劉邦は、流れの遊説者の話にも真摯に聴き入ったといわれる。相手の話に積極的に耳を傾けることは、相手を深く尊重（リスペクト）しているという態度の表明である。人は自分をリスペクトしてくれる人をリスペクトする。

他人力を活用するためには、相手を尊重（リスペクト）するという姿勢が最重要の基本動作といえる。

劉邦は、家柄もよいわけではなく無学の人であった。本人もそれを自覚し、それゆえ人の話

をよく聴いたし、また献策があればよくこれを受け入れた。


一方、劉邦と最後まで覇権を争った項羽は、対照的な人物だった。

家柄もよく、武力に優れ、見た目にも王の風格があった。個人と個人の才を比べれば、劉邦をはるかに凌ぐ人物だったらしいが、人物像をひと言でいえば傲の一字だった。

傲慢な人には、他人はよろこんでついては来ない。したがって「人を通じて」大きな仕事をなすことはできないのである。


漢王朝を立てた後、劉邦はなぜ自分が項羽に勝てたのかについてこう論評した。

「自分は、張良《ちょうりょう》（劉邦の軍師のひとり）のように策を帷幕《いばく》の中に巡らし、勝ちを千里の外に決することはできない。蕭何《しょうか》（行政官）のように民を慰撫《いぶ》して補給を途絶えさせず、民を安心させることはできない。韓信《かんしん》（将軍のひとり）のように軍を率いて戦いに勝つことはできない。

だが、自分は張良、蕭何、韓信という『漢の三傑』を使いこなせた。

反対に、項羽はというと、范増《はんぞう》（項羽の軍師）ひとりすら、上手く使いこなすことができなかった。これが、項羽が滅亡し、自分が天下を勝ち取った理由だ」と。

実力者だから敗れた項羽

劉邦が漢王朝を立てることができたのは、足らざるところを他人の力をもって補うことができたからである。

一方、実力、家柄とも劉邦に勝っていたのみならず、自他共に当代一の英雄と認めていた項羽が敗れたのはなぜか。

その理由は、ただひとつ、自分ひとりの力を恃《たの》み、他人の意見や諫言《かんげん》を聞き入れず、有能な部下がいても、それを使いこなせなかったからだと、劉邦は述懐《じゅっかい》している。

項羽は部下の諫言、意見を聴かなかった。


項羽が咸陽《かんよう》を捨て、故郷に戻りたがったとき、それを諫《いさ》めた韓生という側近は、後に讒言《ざんげん》の罪を追及され煮殺《にころ》された。劉邦が、一時項羽の軍門に下ったとき、項羽の側近中の側近で功績の高かった范増《はんぞう》の意見（劉邦を殺すこと）さえいれなかった。


そして范増は、「豎子《じゅし》ともに謀るに足らず（考えの浅い小僧とでは、とても重大なことなど相談できない）」と、ついに項羽を見限って去ってしまう。

振り向けば、項羽の後ろにはだれもついて来ていなかった。

これでは統一王朝どころか、故郷の楚国さえ治めることはできない。

項羽が敗れたとき、項羽の陣を包囲し攻め滅ぼしたのは、ほかならぬ彼の故郷の楚の国の民であった。

Chapter 1-4

自分を超える他人の才能を用いてこそリーダーである

前述したとおり、漢の高祖劉邦は、軍を率いては韓信に及ばず、治世《ちせい》では蕭何に劣り、戦略では張良の才を大きく下回った。

しかし、劉邦の優れていた点は、君主とは、部下と才を競う存在ではなく、才を用いるのが仕事と、道理が分かっていたことである。漢は劉邦の亡き後も続き、前漢時代は214年、後漢時代を加えると400年を超える長期の王朝となった。

一方、歴史上には才に長けた英雄も多い。

秦の始皇帝は、いわずと知れた中国最初の統一王朝を築いた人物だ。文字や距離や重さの計測単位も統一している。しかし、他人力には乏しく、秦の繁栄は始皇帝一代限りであった。

また、『三国志』で有名な魏《ぎ》の曹操《そうそう》も、やはり才気にあふれた英雄であったが、曹操が立てた魏の国は、彼の死後、ほどなくして司馬氏《しばし》にとって代わられ滅亡する。

同じく『三国志』で最も才に長けた人物として有名な諸葛孔明《しょかつこうめい》も、劉備亡き後に蜀《しょく》の国を任されたが、結局、蜀を再び興隆させることはできなかった。

才を用いることができる人は、自分の時代に組織を繁栄させるだけでなく、未来に繁栄を継続させる人でもあるのだ。一方、才に長けた人は、自分の時代には繁栄を見ても、それを継続させる力を組織に吹き込むことができない。

他人力は、会社や組織を継続的に繁栄させるための力でもある。

だが、自分を超える才能を持つ人を用いるというのは、口で言うのは簡単でも、実際に行うことは意外に難しいものだ。

経営者やリーダーを務めているような人は、だいたい才に長けた人である。

才のある人は、項羽のように、自分の才に自信があるだけに、なかなか他人の才を認めることができない。まして、部下が自分よりも有能であるということを素直に受け入れて、活用しようなどと考えるのは簡単ではない。

才は徳の奴なり

なまじ才があることが仇となって、他人力を発揮できないのである。

だからといって、トップには才がなくてもよいということではない。トップに、経営力という才が必要なのはいうまでもないことである。自分ひとりで「仕事ができる」という技量よりも、自分よりも優れた他人の才を用いる器量が求められるということだ。

では、他人の優れた才を用いるために必要なものは何だろうか。

「徳は才の主、才は徳の奴なり」（『菜根譚《さいこんたん》』）という言葉がある。才は徳によって用いられるものなのである。他人の才を用いることが仕事のトップにとっては、英才であることよりも、有徳《うとく》のほうがより重要な条件となるのだ。

有徳の士とは、「有得の士」でもある。

才ある人を使いこなすのが他人力であるといっても、使われる人がよろこんで全力を尽くしてくれるようでなければ、真の他人力の使い手とはいえない。

人がだれかのために、自分の力のすべてを注ぎ込もうとするのは、そこに相手に対する強い信頼と深い尊敬があるからだ。

この信頼と尊敬を生むのが徳ということになる。信頼と尊敬のある人の下には、必ずその人を慕って人が集ってくるものだ。徳は「王道」であり、力は「覇道」である。徳の成分は五つある。仁（他を慈しむこと）、義（道理にかなったこと）、礼（礼節をわきまえること）、智（物事の是非や善悪を判断する智慧）、信（言をたがえぬこと、真実であること）だ。

『論語』にも「徳は孤ならず、必ず隣あり」という一節がある。

徳のある人というのは、決して周りから疎まれたり孤立したりすることがない。必ずよろこんで手助けしてくれる人や協力者が現れるということである。リーダーにとって磨くべきは、才よりも徳なのである。才《さい》はなくてもよいというのではない。才のみで徳のない人はスペシャリストにはなり得ても、リーダーにはなり得ないということである。

Chapter 1-5

他人力は理屈を超えた力である

コミュニケーションや議論において重要であるべきは、「だれが言っているか」ではなく「何を言っているか」である。私は、常々そう主張している。

しかし、ときに「あの人がそう言うのなら」と論理を超えた判断をすることもある。甲乙つけがたい議論の場合には、それぞれの主張の論理性に加え、あるいは論理性を超えて、発言者の実績や人柄、信頼性に重きを置いて判断することがある。

ただし、「あの人がそう言うのなら」と、特定の人の発言を尊重するのは、社長だからであるとか、取締役であるとかいう地位や肩書きによってではない。あくまでも発言者の人間性が、その人の意見を信じるか、信じないかを決める際の判断の基準である。

他人力とは、人を通じて人を動かし、結果を出す力である。

そう考えると、他人力とは限りなく経営力と重なり合う力であることがわかる。

では、人はどのようにして人の言葉によって動き出すのであろうか。

「人は論理で説得され、利益と感情で動く」という。

人が動くときには、感情（相手に対する思い）と勘定（利益があるか）がその原動力となるのだ。

一方、感情とは「この人のためなら、ひと肌もふた肌も脱ごう」ということであり、勘定とは「この人について行けば損はない」ということである。

ただし、感情も勘定もいっときの心の動きではダメだ。

他人力のあるリーダーと、その後ろをついて行く人たちとの関係には、たとえ、今回はついて行った結果が間違いだったとしても、一回くらいの失敗では、だれも裏切られたと落胆したり、恨んだり、後悔することのない強い心の絆がある。

感情と勘定は、持続的で長期的なものでなければならず、短期的に揺らぐようではいけない。「金（勘定）の切れ目が縁の切れ目」は本当の関係とはいえない。

人を動かすという「他人力」を発揮しようと思うなら、論理だけで説得しようとしても効き目は薄い。

理屈を超えた感情と勘定に訴える力、人間力が必要となる。

人間力を背景にした他人力には、理屈を超えた力があるのだ。究極のリーダーとは、「あの人のためなら」「あの人が言うのなら」「あの人にならと、多くの人から尊敬され、信頼され、みんながその後をよろこんでついて行きたいと思う人である。ついていく人のことをフォロワーという。喜んでついてくるフォロワーが一人でもいなければ、リードすることはできない。

リーダーになるための一丁目一番地はフォロワーがいることである。

学ぶことで徳を磨け

では、どうすれば理屈を超えた他人力を身につけることができるのか。他人力を孔子や孟子の言葉を借りて表現するならば、どうすれば「徳を積む」ことができるのか、となる。

基本は学び続けることである。

学ぶとは、自分の経験に学ぶこともそうだが、他人の知識や経験に学ぶことでもある。学ぶという行為は、他人から知恵や知識、経験を教わることであるから、これもまた、まぎれもなく「他人の力」を借りることである。

他人力を身につけるもうひとつの方法は、アメリカ建国の父といわれるベンジャミン・フランクリンの言葉にある。

「私が自分だけのために働いているときには、私のために働くのは私だけだった。しかし、私が他人のために働くようになってからは、他人も私のために働いてくれた」

アメリカ人であるベンジャミン・フランクリンは徳という言葉は使っていないが、これもまた徳を積むということではあるまいか。

自利は他利であり、他利はすなわち自利である。すなわち、「情けは人のためならず」である。

Chapter 1-6

他人力の高いリーダーは人を育てる力も高い

一流の経営者と二流、三流の経営者では何が違うのか。

三流の経営者は、自分の強み、弱みをわかっていない。

二流の経営者は、自分の強み、弱みを分かっているが、弱みは隠し、強み（得意分野）で押し切ろうとする。

一流の経営者は、自分の強み、弱みをわかっていて、自分の弱みを明らかにし、弱みを補うチーム、あるいは片腕となる人をつくることができる。


ホンダの創業者、本田宗一郎氏には藤沢武夫氏という有能な片腕がいた。

本田氏は、藤沢氏と出会ったときにこう言ったそうだ。

「オレはモノをつくるほうの仕事だけだ。勘定はひとつたのむ。ふたりで一人前になればいいじゃないか」

ホンダの目標は、創業時から世界一の車をつくることである。

まだ町工場に毛が生えたくらいの弱小企業だったころに、本田氏がリンゴ箱の上に立って、十数人の社員に向かい「我が社はマン島レースで優勝する」と吠えたという有名なエピソードがある。

本田氏が、世界一の車をつくると決めたとき、それで儲かるかどうかを考えたわけではなかった。

純粋に世界一の車をつくりたかったのだという。したがって資金繰りや損益管理については、すべて藤沢副社長が取り仕切った。

「副社長と私はそれぞれ得意の分野を受け持った。私は生まれてから一度も金勘定などやったことがない。副社長が全部掴んでいたんです」

人は人に生まれて、人になるわけではない。人として学んで人になるのだ。

ビジネスパーソンも就職したからといって、それでビジネスパーソンになるわけではない。学んでこそ真のビジネスパーソンとなるのである。

では、どういうときに学ぶのか。

自分の地頭で考え、自分の意思で行動し、結果が出たとき、それが成功でも失敗でも人は学ぶ。自分で考え、自分の意思で行動した結果には責任が伴う。ビジネスパーソンは、責任ある仕事、すなわち結果責任（アカウンタビリティー）を伴う仕事を通して学ぶのである。

そして、厳しい現場を経験して学ぶことで、ビジネスパーソンとしてひと回りもふた回りも成長する。経験に勝る教師はない。

上司の信頼が厚いほど部下はそれに応えようとする

上司が手とり足とり、いちいちチェックし指示を出していては、部下には責任感も達成感も生まれない。無論、成長もしない。

他人力のあるリーダーは、部下に何を達成するのかというゴールを示した後は、やり方は部下に目一杯任せ、その報告を待つ。

任せられるということは、信頼されているということだ。部下は信頼に応えようと、若干の無理（ストレッチ）をしてでも結果を出そうと踏ん張る。そこには責任感と達成感が生まれ、ビジネスパーソンとして成長するチャンスとなるのである。

他人力のあるリーダーとは、人が成長するチャンスをつくることができる人だ。だから人が育つのである。

本田氏は、後始末の一切を任せた藤沢氏のことを「あの人はぼくと付き合わなければもっと偉くなっただろう」と評したが、これは本田氏一流の謙遜であろう。

藤沢氏は、他人力の達人である本田氏の信頼を得て、それに応えようと奮闘し、ホンダを世界企業にまで押し上げた功績をもって、本田氏とともに昭和を代表する名経営者のひとりとなったのである。このことからも、本田氏の他人力の高さがうかがえる。

Chapter 1-7

欠点探索はやめて美点凝視をせよ

アメリカの消費財企業、プロクター・アンド・ギャンブル（P&G）社の創業者、ウイリアム・プロクターとジェームズ・ギャンブルは、プロクターがろうそく職人、ギャンブルが石鹸職人であった。

共通点は、どちらも原料が豚の油脂（当時）であったことだ。ふたりは、お互いが持つ異なった技術と知識の組み合わせで会社を発展させていった。

他人力のあるリーダーとは、自分の弱みや欠点をだれかに補ってもらうことができる人である。他人力のある集団とは、チームのだれかの弱みや欠点を、チームのだれかが補うことができる集団である。

相互に短所を補い合う、相互補完機能のことをチームワークという。

チームワークの機能が高い集団の特徴として、所属するメンバー同士、お互いの長所をよく理解しているという点がある。チームワークのよい集団には、人の美点に目を凝らす習慣があるのだ。英語にも〝Every cloud has a silver lining.（どんな雲にも銀色の裏地がついている＝どんな人にも隠れた美点がある）〟という諺《ことわざ》がある。

人の短所ばかりに目が行っていると、ついつい自分は彼（彼女）のためによけいな仕事をしている、いつも彼（彼女）のために迷惑を被っているという被害妄想的意識が頭をもたげてくるものだ。

一方、人の美点を凝視する習慣がついていると、あまり美点の多くない彼（彼女）であっても、彼らの些細な助力が記憶に残り、「あのとき助けられたのだからここはひと肌脱ごう」となる。だから、人の美点を探し、そこに注目する習慣をつけることは、他人力のある集団をつくるための基本となる。

チームワークのよくない集団は、概して他人のアラ探しばかりしている。

ごく控えめに言っても、他人のアラ探しからは何も得るものはない。

ベンジャミン・フランクリンは、こう言っている。

「どんな愚か者でも、他人の短所を指摘することはできる。そして、たいていの愚か者はそれをしたがる」

アラ探しは愚か者のやることである。愚か者ばかりの集団ではチームワークが悪い（他人力がない）のはもとより、肝心の仕事で結果を出すことができない。

愚か者になりたくなければ、人の長所、美点に注目するよう行動を改めるべきである。

美点に気付けば正しい用い方も見えてくる

『呂氏春秋《りょししゅんじゅう》』で有名な呂不韋《りょふい》は、母国から見捨てられ、落ちぶれていた秦の公子・異人《いじん》（始皇帝の父）を商人の眼力で未来の君主と見抜き、「奇貨居《きかお》くべし」と積極的に支援した。人の美点を見抜くことも、リーダーに必要な人間力のひとつである。

部下の欠点ばかり目に付いて長所に気付かないのは、リーダーにとっては致命的なエラーであるし、部下は哀しいミスジャッジの犠牲となる。

過去に失敗があったからといって、いつまでもそこにこだわりチャンスを与えないのでは、リーダーとしてあまりにも器が小さい。失敗した者にチャンスを与えれば、本人は失敗した経験から学習したうえで、名誉挽回のために全力を尽くすものだ。

「猿は木登り上手だが、水に入れば魚にかなわない。どんな名馬も峻険《しゅんけん》な道を走れば狐やタヌキにかなわない。剣をとれば群がる敵をなぎ倒す猛者も、鋤《すき》や鍬《くわ》で農作業をすれば農夫にかなわない」という。

不得手なことばかりさせて、部下の得意な部分を見落とすようではリーダー失格である。美点を凝視するようになれば、自ずと部下の用い方も見えてくる。

美点凝視は、他人力の使い手になるための基本動作なのである。

Chapter 1-8

他人力を生かすには、どこへ向かうのか・何をするのかをはっきり示せ

繰り返しになるが、他人力を生かすとは、他人の持つ力を目一杯発揮させることと、その力をレベルアップさせることである。

そのためには、部下にチャンスを与えることもさることながら、部下の仕事に対する上司の関与の仕方も重要となる。

具体的にいえば、部下を信頼し、仕事を任せたまではよいが、部下の顔を見るたびに「アレはどうなった」「コレはどうした」と、いちいち進捗状況を聞き出し、そのたびにアレコレ指示を出すのでは部下に任せたことにならないということである。

部下にしてみれば、「そんなにいちいち言うのなら、自分でやればいいじゃないか」とモチベーションが一気に下がってしまう。

これでは、部下の力を存分に発揮させることはできないし、レベルアップのチャンスともならない。したがって、部下という他人力を生かすことにはつながらない。

では、部下に目一杯力を発揮させることと、その力をレベルアップさせる方法とは何だろうか。その答えはすでに述べている。

「部下に任せ切る」ことである。

これを上司の行動に置き換えると、要らざる介入をしないということになる。

イギリスの海軍には、「駆逐艦の船長は血が出るほど唇をかむ」という言葉がある。任せた以上、上司やリーダーは、どんなに部下のことが気がかりでも、その成長を信じてじっと見守ることがとるべき態度である。子離れできない母親のように、いつまでもアレコレ世話を焼くことは、決して部下のためにプラスにはならない。

まして、部下が失敗したら自分が責任を問われるなどと、セコい保身を考えるようでは、リーダーとして落第といわざるを得ない。部下のために、ときには危ない橋をいっしょに渡ってやるのも、リーダーの器量なのである。

だからといって、報告が必要ないということではない。

必要な報告は三種類、結果報告、定期報告、それと状況別報告である。

結果報告は、部下が任せた仕事を成し遂げた後の結果報告である。これはほとんどの人が行っている。定期報告とは、部下に仕事を任せたときに、あらかじめ報告のタイミングを定めておき、そのスケジュールどおりに行うものだ。その頻度は個別に定めればよい。

状況別報告とは、状況に応じて行われる報告である。想定を超える大事件や大事故が発生した場合は、スケジュールは無視する。状況別報告のレベル設定の基本はバッドニュース・ファースト。緊急度、重要度の高いバッドニュースほど最優先する。グッドニュースは後まわしでよい。

戦略を理解させたらやり方は任せる

では、部下に仕事を任せるときに、リーダーのやることは何か。

トップリーダーのやるべきことは、我々はどこに向かおうとしているのか、そしていまどこにいるのか、これから何をするのかをはっきりと指し示すことである。

これらは言葉を変えれば、方向性と戦略を示すことにほかならない。

トップリーダーの「どこへ」「いまどこ」「何を」をきちんと現場に伝え、落とし込むのは現場のリーダーの役割となる。「どこへ」と「いまどこ」と「何を」を示したら、「どう」やるかは、その立案から実行までを十分に現場に任せるのが原則だ。

店で扱っていないタイヤの返品を無条件、無質問で受け付けたという伝説で有名なシアトルに本店を置く百貨店「ノードストローム」にはひとつのルールがある。「(従業員は)あらゆる状況においてよき判断を下すこと。以上、附則《ふそく》なし」というものだ。この場の「よき判断」とは、お客様第一という意味である。

目標を達成するためにどうすればよいか、タイヤといえども返品に応じることが顧客第一主義の行動であると現場が判断するなら、それは実行してよい。

ただし、現場に判断が任されている以上、結果についての責任も問われる。同社はサービス面ばかりが注目されているが、各店舗の目標達成に関して厳しい文化も持っている会社である。

Chapter 1-9

他人力は掛け算、業績を飛躍的に高めることができる

先述したとおり、社員に他人力がある組織では、社員が50人いれば50×50＝2500の力が発揮される。一方、社長が何もかもひとりでやっている組織では、1×50＝50の力しか出せない。それどころか、場合によっては、1×1×1×……と、1を50回掛けるだけに終わってしまうこともある。1は50回掛けても1でしかない。

50×50の力を出せる他人力のある集団のことをチームという。チームだからこそ、チームワークが機能する。

1×50の力しか出せない集団のことは、チームとは呼ばない。単なるグループである。グループでやれるのは、しょせん遊びの領域である。仕事はチームでやるものだ。チームでやることで業績は掛け算となる。ひとつ具体的な事例を示そう。

すでに故人となってしまっているが、財閥系の企業で常務取締役を務めたSさんという人がいた。Sさんは常務に就任する前に、系列の中小企業の立て直しを経験している。Sさんは、このときの経験をもとに本も出版している。

Sさんの使命は、T社という金属加工の会社を立て直すことだが、T社は赤字続きの会社で、すでに本社からの資金供与も限界、そのため新たな設備投資もできない。現有の経営資源だけで、会社を黒字にしなければならなかった。

つまり、頼みは現有のT社社員の力だけだったのである。

しかし、その社員も長年の赤字で心が疲弊しており、絶望的な状況だった。

他人力を掘り起こせ

それでもSさんは、「オレがやる」「協力する」「明るくする」をスローガンに、職場によいストローク（感化）を打ち込むべく、自ら現場に足を運ぶとともに、各部署のリーダーたちを教育していった。T社の現場は、営業は製造が悪いから儲からない、製造は営業が安売りするからダメなんだと、お互いに罵り合い責任転嫁をしていた。典型的なダメパターンである。

Sさんが「オレがやる」「協力する」「明るくする」をスローガンにしたのも、他責の習慣を自責に改革し、相互に欠点を補完する「他人力」をつけさせることが狙いだった。

意識改革が徐々に進んだころ、Sさんはひとつのイベントを企画した。月を定めて、T社始まって以来の最高の月産量を上げることだった。短期的ではあるが、ストレッチ（少し無理すれば届く）目標に全社員を挑戦させたのである。この試みはうまくいった。

目標達成の祝賀会のとき、ステージ上にはSさん以下、会社の幹部が立った。そのときSさんは、協力会社の社長がステージに上がっていないことに気が付いた。ステージ上から、協力会社の社長を目で探すと部屋の隅のほうで、ステージのほうを見ている。

肝心の「他人力」を下に置いたままでは、祝賀会を開催する意味がない。

Sさんは、協力会社の社長のところへ駆け寄って、遠慮する社長をステージ上へ引っ張り上げたのである。

その翌日から、協力会社の社員たちの目の色が変わった。

Sさんが声をかけると、あいさつが返ってくるだけでなく、製品の仕上げにどんな問題があって、どうすれば解決するかを積極的に教えてくれるようになったのである。

現場で作業しているT社の社員も、それに応えて改善するようになった。

現場が自分で考え、目的に向かって協力し合う、すなわちチームワーク（相互補完という他人力）を発揮するようになったのである。

その結果、長年赤字続きだったことがウソのように、T社はまたたく間に黒字会社へ変わっていったのだ。

思えば、Sさんも他人力の高い人だった。

Chapter 1-10

権限移譲とアウトソーシングにより、他人力を最大活用せよ

他人力のある組織の強さについては、わかっていただけただろう。

では、組織にどのような仕組みがあると、他人力が高くなるのだろうか。他人力を活かす仕組みとしては二つある。権限移譲とアウトソーシングである。

まず、権限移譲から見ていこう。権限移譲とは、部下に上司の権限の一部を譲ることだ。目的は円滑な業務の推進と部下の育成にある。日常の業務まで、いちいち上司にお伺いを立てて仕事を進めていては業務の停滞を招く。業務の停滞は社内にトラブルを起こすだけでなく、ひいてはお客さまに不利益や迷惑を及ぼすことになる。

そうした事態を避けるために権限移譲はある。

同時に、自分の地頭で考え、判断し、行動する社員をつくるという狙いも権限移譲にはある。権限移譲は、他人力強化の方法でもあるのだ。

権限移譲といっても、権限だけを譲るのではない。

権限とは、職務を遂行するために必要な権限であり、権限には必ず責任が伴う。これを「3面等価の原則」という。仕事の範囲を超えた権限はあり得ないし、権限がないのに責任だけが

あるというのは権限移譲ではなく「権限異常」である。

権限移譲が、社員という「他人力」を活用する方法であるのに対し、アウトソーシングとは、他社や他者という「他人力」を活用する方法である。一般に、業務システム等の構築を社内の人間だけでやることは極めて稀で、その分野における専門知識と経験、実績を有する会社が担う。アウトソーシングを活用する理由は次のどれかだ。

1. 社内に設備がなく、スキルを持った人間がいない。育成にも時間がかかる。
2. 社内に設備もあるし、できる人間もいるが、変化が激しいなどの理由から、外部に委託したほうがコストパフォーマンスがよい。
3. 外部の専門家に依頼することで、社内では得られない付加価値が期待できる。

アウトソーシングは、あらゆる業種に存在する。

昨年、シャープの支援に名乗りをあげ、その傘下に収めた台湾の鴻海《ホンハイ》精密工業はEMS（製造工場のアウトソーシング）で急成長した企業であるし、イオンやセブン-イレブンなどの流通業では、自社倉庫の管理運営・配送業務を専門の物流業者にアウトソーシングしている。こうした物流スタイルを「サードパーティー・ロジスティクス」という。「すべてを社内で」という自前主義戦略は、経営が多様化、複雑化し、急変化している今日、必ずしも正しいやり方ではない。

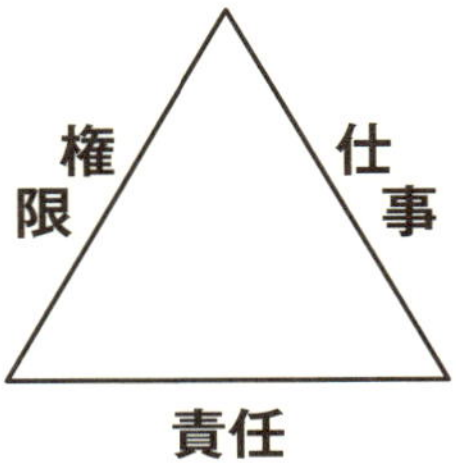

三面等価の原則

仕事・権限・責任の三辺は同じ長さ。

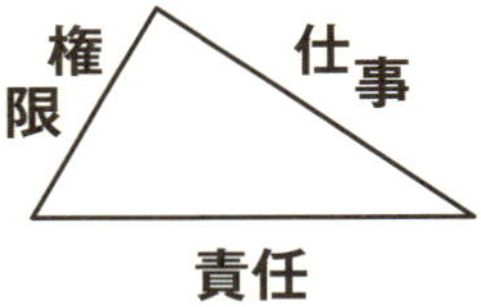

いびつな三角形

仕事に相応しい権限が与えられておらず、そのくせ責任は重い。

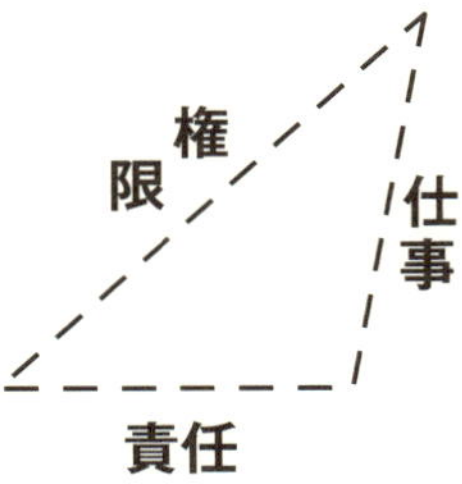

すべてが曖昧

三辺いずれも明確でない。
曖昧な中でビジー（忙しい）だけである。

Chapter 1-11

他人力の原点ES（社員満足）が高い社員はCS（顧客満足）を高める

社員という「他人力」の原点には、ES（社員満足＝Employee Satisfaction）がある。ESは、他人力という力の源泉ともいえる。

ESの低い社員は、会社や自社の製品を愛するという気持ちが薄い。別の会社に転職したら、あとは野となれ山となれであって、いまいる会社の成長・発展など眼中にない。

一方、ESの高い社員には「できれば自分の子供もこの会社に入れたい」と考えているという特徴がある。ESの高い社員は、会社の継続的繁栄を前提にしているのだ。

したがって、ESの高い社員は、会社の継続的繁栄のために貢献することを苦としない。会社の成長・発展は、自分自身にとってのよろこびであり、自分の幸福と一致するからである。

会社の成長・発展の原点にはCS（顧客満足＝Customer Satisfaction）がある。さらに欲をいえば、CD（顧客感動＝Customer Delight）がある。

会社の成長・発展を我がことと考えているESの高い社員は、CSを高めるためによろこんで全力を尽くす。CSを高めるためには、周囲への協力も惜しまない。どうすればCSが高められるか、改善にも力を尽くす。

会社を愛する人（ESの高い人）は、大きな会社（Big Company）をつくる前に、いい会社（Good Company）をつくろうとする。いい会社をつくるために、CS（顧客満足）を高めることが必要とわかって行動しているのだ。上から命令されたから、仕事だからと仕方なく、イヤイヤ感でやっているのではない。

ワクワク感で、よろこんでやっているのだ。

そもそもCSを担う主役は、現場の社員である。

お客さまと直に接する販売担当やサービス担当であり、実際に商品をつくっている製造・加工の担当者がCSをその双肩に担っている。

直接CSを担っている社員が、会社を愛する心に乏しくて、どうして自分の職務や自社の商品に愛着を持てるだろうか。

自分の職務や自社の商品に愛着のない人間が、どうしてお客さまのことを思って仕事をするだろうか。

「お客さま第一」という心がない社員の仕事では、お客さまを満足させられるはずがない。

ES（社員満足）がなくて、CS（顧客満足）、ましてやCD（顧客感動）などあり得ないのである。

ESは会社の成長・発展の核

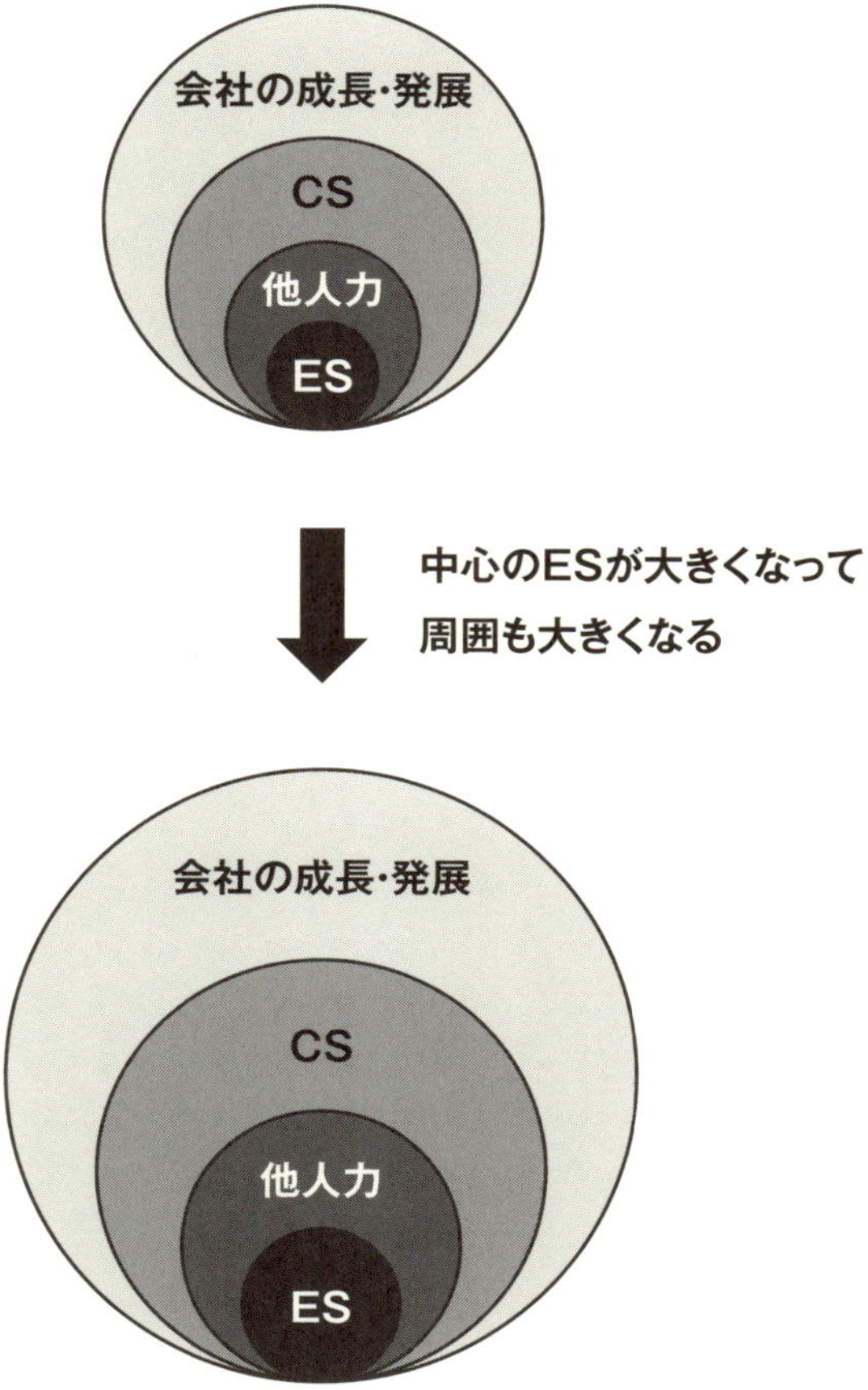

Chapter 1-12

真実のESは3Kが決め手

ES（社員満足）の高い社員は、他人力を高め、CS（顧客満足）を高め、最終的には会社の業績も高めてくれる。

世界の優良企業は、ESの重要性をよく理解している。かつて私が日本法人の社長を務めていたジョンソン・エンド・ジョンソンでは、会社の社員に対する責任を顧客に対する責任の次に位置づけている。

ES（社員満足）は、株主満足よりも優先順位が上なのである。

では、ESを高めるための施策とは何だろうか。

私はESを高めるには3Kが必要だと主張している。3Kとは、キケン、キタナイ、キツイではなく、カネ、カンキョー、ココロという三つのKである。

この三つのKを満足させることが、ESを高める処方箋である。

経営学者のマクレガーも、人が働く意欲は、条件が整えば整うほどより高くなるといっている。

その条件とは、経済的条件、物理的な条件、精神的な条件、すなわち私がいうところのカネ、カンキョー、ココロという「社員満足の３Ｋ」である。

ＥＳ（社員満足）の高さは、３Ｋの質と量によって決まってくる。

第一のＫ　カネ……報酬、給与などの経済的な条件である。施策としては、昇給やボーナスということになる。

比較的早く直接的な効果を出すことができる。

ただし、カネは社員の「不満足」を解消するという不満抑制要因ではあるが、満足を高めたうえで持続する力には乏しい。給料が上がったときはうれしいが、ひと月も経てば、それが当たり前と考えるようになってしまう。

第二のＫ　カンキョー……会社の立地、作業環境や安全衛生環境を整える、福利厚生設備の整備など物理的な条件である。会社としては設備投資を伴うことになるが、だれの目にも見える施策なので効果は高い。

カンキョーも不満抑制要因である。カンキョーには物理的な環境だけでなく、人間関係などの社会的な環境の影響も大きいという主張もある。

人間関係に対する施策は、何でも話せる環境を整える、だれでも自由に発言する機会をつくるなど、コミュニケーションを活性化させ、コミュニケーションレベルを上げる施策を行うことが肝心である。

ESのキモはココロにあり

第三のＫ　ココロ……仕事のやりがい、仕事や会社に対する誇り、仲間と働くよろこび、仲間との信頼感などの精神的な満足の条件である。

施策としては、人間関係に対するのと同様、コミュニケーションの活性化がひとつだが、やりがいや誇り、よろこびを上司やリーダーが実感していることのほうがより効果が高い。つまり、社員は、生きたよいお手本（ロールモデル）といっしょに仕事をすることで、仕事のやりがいや仕事に対する誇り、仲間との信頼感を実感できる。

ＥＳに対する影響力は、３Ｋのうちココロが最も大きく長続きする。

カネとカンキョーが不満抑制要因であるのに対し、ココロは動機促進要因である。カネとカンキョーの効果が一時的であるのに対し、ココロは持続性がある。

しかし、カネとカンキョーという他の二つのＫを疎《おろそ》かにしてココロの満足は保てない。たとえば、成果に対する報酬が適切でないと、社員のやる気は一瞬で失われてしまう。劣悪な作業環境を放置している場合も同様だ。３Ｋのどれが欠けても、正しい社員満足にはつながらないのである。持続性の高いＥＳ（社員満足）をつくるには、「カネ・カンキョー・ココロ」からなる３Ｋの三位一体が求められる。

Chapter **1-13**

ナンバー2という他人力をどうやってつくればよいか

経営にはナンバー2、あるいは片腕という存在が不可欠である。

経営者とナンバー2といえば、代表的なのはやはりホンダの創業者、本田宗一郎氏と藤沢武夫氏だろう。井深大氏と盛田昭夫氏もそうだ。

松下幸之助氏にも井植歳男氏、高橋荒太郎氏という片腕がいた。

経営者にとって、片腕となり得るナンバー2は千金を積んでも得たい存在である。

究極の他人力といっても過言ではないだろう。では、どういう人間をナンバー2に選べばよいのだろうか。ナンバー2の条件とは何かを見ておこう。


第一は、目的・理念・価値観が一致していることだ。「小さく対立しても大きくは調和していました」とは、高橋荒太郎氏（元松下電器会長）の言葉である。松下幸之助氏とは小さな路線対立はあっても、理念や方針など大きなことでは一致していたのだ。

トップとナンバー2が一心同体であることは望ましい。

しかし、何でもかんでも一致している必要はない。むしろ違ったところがあったほうがよい場合が多いのだ。本田、藤沢のツートップの場合、物づくりは本田氏、組織づくり、人事労務、経理は藤沢氏と補い合った。

しかし、必ずしも不得意の分野には口を出さないということではない。

ホンダを世界的なメーカーに押し上げたメルクマールとなるベストセラーは、物づくりは不得手の藤沢氏の発案から生まれた。世界一のエンジン、世界一の車をつくることを目指す本田氏は技術面に傾きがちだが、藤沢氏はマーケットに注目した。

市場から見ると高性能のバイクよりも、50ccの実用車のほうに市場性があると判断したのだ。しかし、世界最高のバイクを作ることを目指す本田氏は「50ccバイクなど外国にはない。世界のメインストリームではない」と渋った。

「世界にないからつくるんじゃないか」と粘る藤沢氏の言葉を受け入れ、生産に踏み切るまでにはだいぶ時間がかかったという。

大きいところ、すなわち目的や理念、方向性が合っていれば、50ccをつくるか、90cc以上のバイクをつくるかは違っていてもよいのだ。

ナンバー2に必要なのも人間力

ナンバー2にする人には、トップを立てる姿勢が必要である。私は社員の時代、上司に反対意見を三度述べて受け入れられなければ、上司の意見に従い、上司の意見がまるで自分の考えであったように、成功させるために嬉々として全力を尽くした。少なくともそう努めた。よいリーダーはよいフォロワーでもある。自分を抑え上司のための他人力になれる人間が、将来、他人力を生かせるよいリーダーとなるのだ。

ナンバー2となる人物には、トップには及ばないまでも、一定の人間力がなくては務まらない。どんなに実績があっても、オレがオレがという自己主張が強い人物ではだめだ。ましてや、トップのポジションには就けてはならない。

実績に対しては、別の形で報いるべきである。また、人間性の面で高潔さ〝Integrity〟がなく、コンプライアンスや道徳観に欠けるようでは、とうていナンバー2にはできない。

私がアメリカ系企業の日本法人の社長を勤めていたときの話である。仕事がよくできるベテランの45歳の部長がいた。思いきって取締役に昇格させたところ、一年もしない間に辞表を出してきた。他の競合他社から高給で引きぬきのオファーがあったということが後になって発覚した。

まさにインテグリティの欠如した人間である。こういう人を選んだ自分の不明を恥じるのみであった。

第2章

Chapter 2

他人力のある人とは他人がよろこんでついていきたくなる人

Chapter 2-1

ついて来ているのはWilling Followerか Reluctant Followerか

先述したとおり、他人力とは人を通じ、人を動かして結果を出すワザである。

他人力を活用するのは、よきリーダーの条件といえるが、そもそも〝Leader〟とは人を導く（リードする）人という意味である。

人を導くためには、後ろについて来るフォロワーがいなければリーダーとはなり得ない。振り向いたら、後ろにはだれもついて来ていなかったというような状態では、とてもリーダーとはいえない。

後をついて来るフォロワーがいて、はじめてリーダーとなり得る。

そして、そのフォロワーにも二種類がある。

〝Willing Follower〟と〝Reluctant Follower〟だ。簡単にいうと、よろこんでついて来るのが〝Willing Follower〟で、不承不承なのが〝Reluctant Follower〟である。フォローするという外見上の姿は同じでも、心の中は正反対だ。

もちろん他人力として、望ましく、頼りになるのは〝Willing Follower〟である。

一般的には、フォロワーの中で〝Willing Follower〟と呼べる人の数は多くない。天下を統一した徳川家康でも、腹心と呼べる部下は、三河以来、苦楽を共にしてきた本多忠勝、井伊直政など、数えるほどしかいなかったという説もある。

しかし、その腹心たちにも〝Willing Follower〟がいることを忘れてはならない。

直系のフォロワーでなくても、〝Willing Follower〟の後ろに従う〝Willing Follower〟の数が多いと、組織は〝Followership〟の総量が増大して、強い力を発揮する。

徳川の強力な家臣団（チーム）はこうして築き上げられた。チーム力の差とは、他人力の総和の差にほかならない。

〝Willing Follower〟は、いかに権力があっても、リーダーが力仕事で無理矢理に人を選んでつくれるものではない。リーダー自身が自分の人間力を高めることが〝Willing Follower〟をつくるためのスタートなのである。

人は感情と勘定というふたつのカンジョーによって動く。西郷隆盛が権力の座を去ってなお人望が厚かったのは、その人間性に周囲の人々が動かされたからだ。この人について行けばと感化され、自分を高めることができるという感情が多くの人を動かしたのだ。

Willing FollowerとReluctant Followerの違い

	Willing Follower	Reluctant Follower
ついて行く 動機	人間力にひきつけられて （この人のためなら・ この人になら）	地位や肩書きがあるから （上司だから仕方ない。 目先の利益のため打算的に）
精神状態	やりたい感がある （よころんで）	イヤイヤ感でやっている （心ならずも）
持続性	長期的	短期的
結果的に 失敗だったとき	後悔しない （共に再起を期す）	後悔する （離散・分解）
成功したとき	手柄はチームで分かち合う	手柄は自分のもの、 失敗は他人のせいにする
後継者	理念を継承した後継者	下剋上の後継者

Chapter 2-2

理念や目的のある人がベクトルを一致させる

人間とは個々に独立した存在である。それゆえに、他人力はひとつ間違えば、たちまち結束を失い空中分解を起こしてしまう。お互いの他人力を結び付ける絆となるのは、信用、信頼である。

「信なくんば立たず」（『論語』）という言葉がある。

意味するところは、民の間に信（信用・信頼）がなければ、国は成り立たないということだ。これは、会社、組織、チームに容易に置き換えられる真実だ。

しかも、信用・信頼が大事なのは、目標に向かって行動している間のことだけではない。売上を100億円にしようと頑張っている間は信用・信頼し合っていても、100億円を達成した後、どこへ向かうかとなると個々の考えの方向性（ベクトル）に違いが出る。

こうした齟齬《そご》は、チームに亀裂を生み、絆を弱める原因となる。

では、どうすればチームのメンバーの信用、信頼を強化し、目標達成後も互いのベクトルを一致させることができるのか。

私は、そのために理念や大きな目的、ミッション（使命）、バリュー（価値観）の全体的な共有が必要だと考えている。

会社は何のためにあるか、何をもって社会に貢献するかという理念、大きな目的こそがすべての土台になる。壮大な理念はそれに関わる人々の心を鼓舞《こぶ》する。理念、目的がないと人は納得してついて来ない。

目標＝理念、目的を実現するために目標がある。理念や目的があれば目標達成に対する意欲が高まる。逆にいえば、理念のない目標はノルマと化してしまう。そこにあるのは〝イヤイヤ感〟である。

戦略＝戦略とは目標達成のために何をするか（WHAT）である。理念、目的から戦略まではトップリーダーの仕事。人の意見に耳を傾けながらも最終的に決めるべきはトップである。

目標のない戦略は混沌を招く。

戦術＝戦術とはどうやるか（HOW）という具体的な現場展開である。戦術の立案実行は現場の社員の仕事。しかし、戦略に合致しない戦術は行わない。戦術の失敗は戦略で補うことができるが、戦略の失敗を戦術で補うことはできないというビジネス金言もある。

戦略のない戦術は機能不全を生む。

理念のある会社とない会社では、短期的にはそれほど差はない。しかし中長期的には理念のある会社のほうが、理念のない会社に業績面で４倍以上の差をつけるというアメリカのシンクタンクの研究結果もある。

理念は単なるお題目ではない。理念には持続性の高い実効力があるのだ。

他人力の差とは、チームのメンバーの結束力（ベクトルの一致）の差でもある。そして、結束力は、信用と信頼と尊敬に支えられている。

信用と信頼とは、メンバー相互の信用・信頼であり、リーダーに対する信用・信頼だが、それだけではない。リーダーの示す方向性への信用・信頼も「メンバーの心の中の信」である。「何のために」という理念・目的が共有されたときにはじめて、めったなことでは揺るがない強い結束力が生まれるのだ。

人がよろこんでついて行くような他人力の高いリーダーとなるには、「あの人が言うのだから」であったり「あの人のためなら」という信用と信頼と尊敬を獲得する人間力を磨くことも大事となる。部下は与えられるものだが、フォロワーは自分の力で勝ち取るものである。その背景に「何のために」という大義が加われば、他人力はさらに強化されるということも心得ておくべきだ。

人は「大義」に支えられた仕事をしているときは、「大儀」には感じないものだ。

経営ピラミッドは四段階

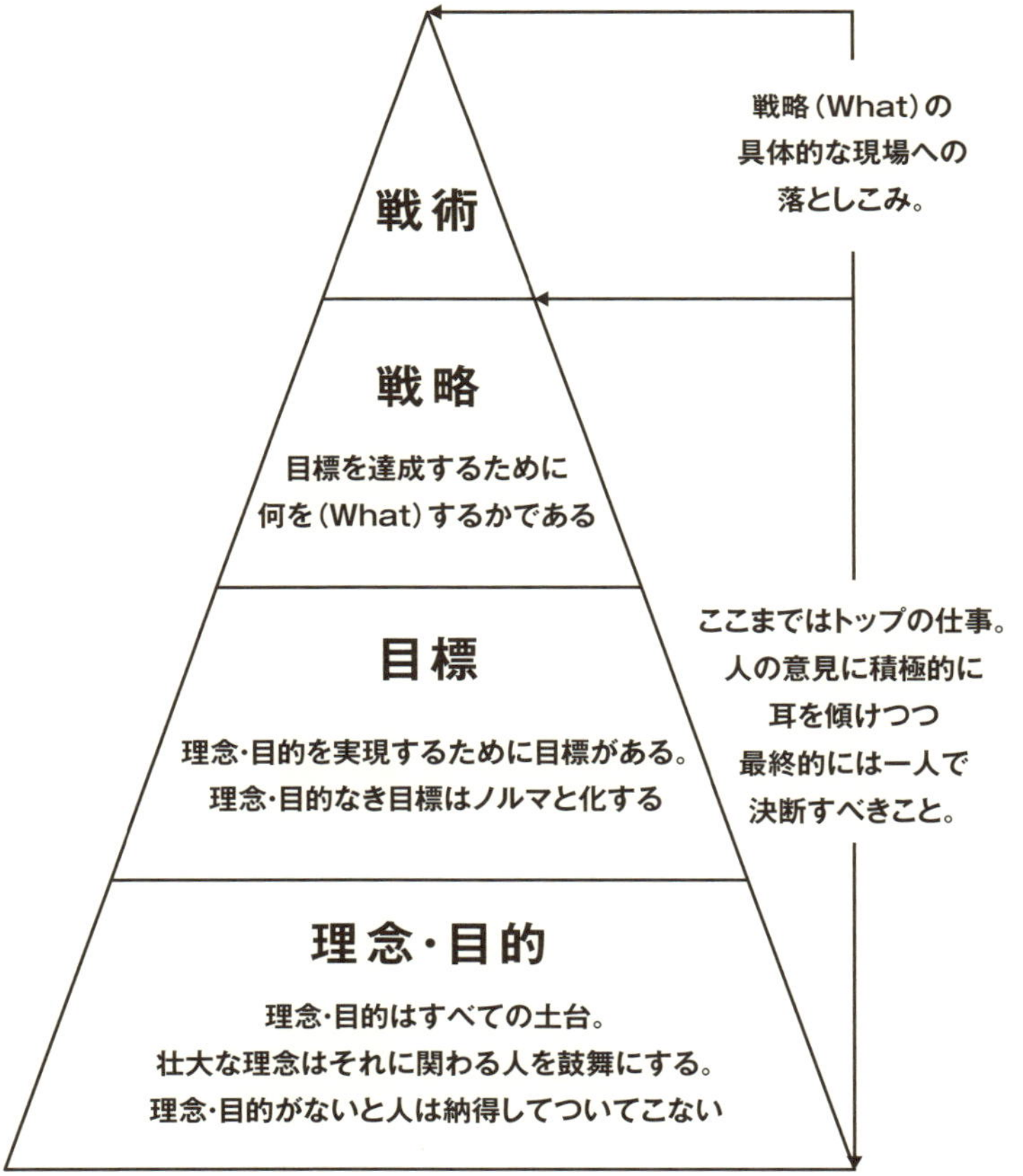

Chapter 2-3

指示命令や職制で人を動かす限界を知れ

組織から与えられた部下を率いている段階では、まだチームとはいえない。単なる同じ会社の社員の集団（グループ）である。単なる集団に他人力は期待できない。

部下は会社から与えられるものだが、〝Willing Follower（よろこんでついて来るフォロワー）〟は、自らの力で獲得しなければならない。そこには「与えられる」と「勝ち取る」の差がある。

指示命令で部下を動かすことには、ある種の魅惑的な優越感が漂うものだ。部下は組織の一員であるから、職制には従わざるを得ない。しかし、部下は個人にではなく、課長、部長という職制上の肩書きに従っているだけである。

したがって、安易な優越感に溺れることなく、職制で人を動かすことにつきまとう限界というものも知っておくべきだ。

言われたことはやるということは、裏を返せば、言われていないことはやらないということになる。そこには言われた以上のことをやるという付加価値の提供はない。それでは、言われたことしかやらない請負人である。

言われたことだけしかやらない部下は、自分の頭を使って考える習慣がない。考えないから、仕事の目的が何かとは考えないし、仕事の目的を理解していないから、最善のやり方を工夫することもない。

せっかく頭はあっても使っていないのだから、アウトプットは本人の持っている能力の半分も発揮していないことになる。これでは部下が6人いても、3人しかいないのと同じことだ。他人力は、本来、掛け算であるはずなのに、足し算にさえならず、掛け算と反対の割り算となってしまう。

しかし、部下を〝Willing Follower〟にしていないのは上司の責任である。

松下幸之助氏は、会社が小さいうちは直接社長が指示命令を下して結果を出せるが、1000人、2000人と会社が大きくなると、社員に「どうぞ頼みますという気持ちにならないとあかんね」と言っている。そこに〝Willing Follower〟づくりの極意があるといえるだろう。

与えられただけの部下と、よろこんでついて来る〝Willing Follower〟とでは、表面的にも次のような違いが表れる。

もし、このような症状が部下に見られるようであれば、リーダー自身を含めて、全面的な意識改革と行動改革が必要と覚悟するべきだ。

フォロワーと部下の違い

喜んでついてくるフォロワー	与えられた部下
○笑顔がある	○笑わない・無表情が多い
○建設的か雑談かを問わず、自主的・積極的な発言が頻発	○無口・問われるまで（問われても）発言しない
○何のために何をするかという、仕事の目的がわかっている	○言われたことだけをやる ○仕事の目的・意味を考えない
○悪い情報を積極的に報告・共有する	○悪い情報・失敗はひた隠しにする
○目標も我がこと、結果も我がこと	○目標は他人ごと、失敗は他人のせい
○ネガティブな陰口がない	○陰口が多い
○報酬を話題にすることが少ない	○「報酬が仕事に見合わない」が口癖

Chapter 2-4

人望には人間学にもとづいた法則がある

「部下というのは、魅力を感じない上司の下では決して実力を発揮しない」（私の尊敬する経営者、故・小林陽太郎氏／富士ゼロックス元会長）

他人力のある人には人間力がある。人間力のある人のことを「人望のある人」と呼ぶこともある。ただし、人望には本物とにせ物があることを見逃してはならない。

本物の人望には「リーダーが方針を示せば、その後はフォロワー（部下）一人ひとりが自分の地頭で考え、判断し、行動して結果を出す」という働きがある。

いちいち指図をしなくても、リーダーの意図したとおりにフォロワー（部下）が自発的に動くというのが、本物の人望だけが持つ法則である。

人望とは、他人力というエンジンに付けられたターボのようなものである。人望力というターボ機関を付けることで、他人力というエンジンは、さらに強力になる。

人望の力に対し「オレについて来い！」という、強いカリスマ性を持つワンマン型のリーダーもいる。繰り返しになるが、会社の規模が小さいうちは、カリスマ性を備えたワンマン型のリーダーシップもかなりの効果を発揮する。

しかし、会社が１０００人、５０００人、１万人と規模を拡大していくと、ワンマン型のリーダーでは、いくらカリスマ性があっても物理的、精神的、システム的にどうにもならなくなってしまうものなのだ。

会社が大きくなると、必然的に松下幸之助氏の言う「衆知を集める経営」が求められる。「衆知を集める経営」とは、すなわち「他人力」である。

人望型の経営には、遺徳や余熱効果がある。

人望型の経営者に従っているフォロワー（部下）は、時間の経過とともに人材から人財に育つ。自分の頭で考え、結果を残すことを何度も経験しているよき手本（ロールモデル）である。人望型の経営者のやり方に接しているからだ。

したがって、人望型の経営者が去った後も、その遺徳は余熱のように組織に残り、後継の経営者を助ける大きな財産となる。

一方、ワンマン型のカリスマ経営者は、継承する者がいないため、多くが一代限りの会社となってしまう。

ワンマン型と人望型では、次表のように人に対する考え方、扱い方もこれだけ違う。

ワンマン型・人望型リーダーの考え方の違い

ワンマン型リーダーの考え方	人望型リーダーの考え方
○ 人は指示・命令がないと動かない	○ 人は主体的に仕事に取り組んだときイキイキと働く
○ 仕事の成果は個々の実力しだい。心の動きを軽視	○ 仕事はチームでやるもの
○ 人が働くのは報酬のため	○ 心の満足は仕事の出来を左右する
○ 管理は監視であり、すき間なし。追い立てることが肝心	○ 人はチームや会社、社会に貢献することで、生きがい・やりがいを覚える
○ トップの価値観がすべての基準	○ 管理は社員の仕事をしやすくするためのもの
○ 社員に任せれば必ず手を抜く	○ トップは諫言苦言に積極的に耳を傾けるべき
○ 判断はトップの仕事、部下は考えなくていい	○ 仕事を任せることで社員は育つ
○ 仕事とプライベートは対立する	○ 仕事のやり方は社員が考えるべき
○ 異見・異論に耳を貸す必要はない	○ 仕事とプライベートは両立する
○ 主語は常にI（私）である	○ 異見も意見である
	○ 主語は常にWe（私たち）である

Chapter 2-5

人気者だから嵌《は》まる、にせ物の人望という落とし穴

他人力のある人は、大体において人望のある人だ。しかし、逆に人望のある人が他人力のある人かというと、必ずしもそうとはいえない。

前述したとおり人望には、本物とにせ物がある。

トップアスリートたちにメンタルトレーニングを指導している西田文郎氏は、人望には「責任ある人望」と「無責任な人望」があると言っている。

「責任ある人望」、すなわち「本物の人望」とは、いうまでもなく経営者や国家の首脳が、社員や国民を率いていくのに必要な人間力のことである。「責任ある人望」の責任とは、アカウンタビリティ（結果責任）のことだ。

対する「無責任な人望」、すなわち「にせ物の人望」とは、単に人気者だから、よい人だからとみんなから慕われている人が持っている人望である。いい人ではあるが、ただそれだけ。肝心なときにはあてにならない。

しかし、「にせ物の人望」であっても、人望である以上、そういうリーダーの下にも、いっ

たんは人が集まって来る。

人物はよい人なので、職場の雰囲気は明るいし、笑顔もある。挨拶もリーダーから積極的に交わすことだろう。また、談論風発《だんろんふうはつ》、社員はみんな気楽にスピークアウトしやすい。手柄もリーダーが独占することなく、チーム全員で分かち合う。

ここまでは一見、よいリーダーのように見える。仲良しクラブなら、こういうリーダーでも務まるかもしれない。

にせ物の人望の落とし穴

しかし、会社という目的と目標を持った組織は、単なる仲良しクラブではダメなのだ。目標もあれば、責任もある。失敗に対し責任追及もせず、なあなあの狎《な》れ合いでは、組織の背骨が失われる。

1000人、5000人、10000人という社員のベクトルを一致させ、みんなを自発的に動かす力は、「にせ物の人望」では到底及びもつかない。

人気者が持つ「にせ物の人望」には、次のような陥穽《かんせい》がある。

・小の虫を殺し大の虫を生かすことができない。そのためピンチのときに決断ができず、かえって全体を窮地に陥れてしまう。

・いい人でありたい、人気者であろうとして周囲におもねり、必要な施策であるにもかかわらず、批判や反対を恐れて実行できない。
・ゴルフやカラオケなどにマメに付き合う。ビールの一気飲みをして拍手喝采を博する。
・部下におもねってニコニコしているが、厳しく叱ることができない。
・部下の実績や能力ではなく、情実で人事を行ってしまう。

フォロワー（部下）は、リーダーにこうした「にせ物」の兆候が見えたら、自らよろこんでついて来ていた人でも、単なる人気者でしかないにせ物だったと感づき、たちまち離れてしまう。人は感情と勘定で動く。感情では好意的でも、このままついて行っても、自分に利はないという勘定によって見限るのである。

「本物の人望」のあるリーダーとは、チームのため必要があれば「最後の骨はオレが拾ってやる」と、あえて部下を死地に向かわせる非情さも兼ね備えているのだ。

リーダーは無情では失格だが、ときには非情が求められる。

人気が命の政治家でも、気骨ある人物は、国民に向かって耳の痛いことも言う。J・F・ケネディは国民的な人気のある政治家だったが、大統領就任の演説で「国が諸君に何をしてくれるかを問うなかれ。諸君が国のために何ができるかを問え」と、あえて国民に耳の痛いことを宣言した。

Chapter 2-6

信頼と尊敬という自分力なしに他人力は得られない

ここまで「他人力」について縷々《るる》述べてきたが、いったん立ち止まって「自分力」についても見ておこう。他人力を発揮するのに、自分力は不要かというとそんなことはない。他人力を発揮するためには、自分力が求められるのだ。

単なる人気者では、すぐに馬脚が現れる。前項で、にせ物の人望では、本当の他人力の持ち主とはなれないと述べた。ただの人気者には、人を引き寄せる甘さはあっても、結果を出すための厳しさが足りない。

にせ物には決定的に決断力と実行力、加えて結果に対するコミットメント力が不足している。結果を出せないリーダーによろこんでついて行くフォロワー（部下）は、この世にひとりもいない。

フォロワーがリーダーの厳しさを受け入れ、目標に向かって一段と力を入れるようになるには、リーダーに対する信頼と尊敬が必要だ。信頼と尊敬を得るためには、リーダーの自分力も大きく影響するのだ。

自分力が何もないリーダーに他人力はないのである。

では、フォロワーから信頼と尊敬を得るために必要な自分力とは、どんなものなのだろうか。リーダーにとって必要な自分力とは、スキル（仕事力）＋マインド（人間力）、それに「結果を出している」という実績である。

仕事がデキル人であり、かつ、人間的にもデキタ人が本当の意味での自分力のある人なのだ。

リーダーに求められる自分力の基礎力

もう少し詳しく述べると、リーダーに必要な自分力（スキル＋マインド）とは、「幅広三点深掘り」であることが求められる。

「幅広三点深掘り」とは、まず経験を重ねたうえで身につけた幅広い知見と情報を持っていること、すなわち知識のすそ野が広いということだ。これが「幅広」である。

次に、三点の深掘りの力が続く。そのうちの一点目の深掘りは、経理や人事、マーケティング、ＩＴ技術など、何らかの深い専門性を少なくともひとつは身につけていることである。

要は、どこでも通用するというポータブル・スキル（移動可能なスキル）や、中核能力（コア・コンピテンス）があるということ。

二点目の深掘りは、リーダーシップ、マネジメント力というリーダーや経営者に求められる基本的な力である。

この二点に加え、もうひとつ深掘りされた「人間力」という力があることが、「幅広三点深掘り」という自分力である。「幅広三点深掘り」は、一流のリーダーや経営者の条件である。

フォロワー（部下）から信頼と尊敬を勝ち取るには、スキル（仕事力）とマインド（人間力）という実力に加えて、その裏づけとなる実績が必要となる。実力と実績のある人には、人はよろこんでついて行く。

実績は絶対に必要である。しかし、過去の実績には賞味期限がある。

実績だけがあれば、それだけで人は従うと考えるのは、人気が高ければ人がついて来ると考えるのと同じだ。いずれも必要条件ではあるが十分条件ではない。

そもそもリーダーになるような人は、実績があるからリーダーになっているのであって、ことさらに実績を強調する必要はない。むしろ、いつまでも過去の栄光にすがっているとフォロワー（部下）に思われては、かえって信頼と尊敬にキズがつく。

「将来の成功を妨げる最大の敵は過去の成功である」という言葉もある。

フォロワーから信頼と尊敬を得るには、過去の栄光よりも、ただいま現在の虚飾《きょしょく》のない自分で勝負すべきだ。フォロワーがリーダーに期待する自分力とは、過去からここまでの力ではなく、むしろ、ここから未来へ向かう力なのである。

「老人は過去を語り、若者は未来を語る」ともいう。

Chapter 2-7

心交がなければ尊敬はなく、利交がなければ信用はない

「君子の交わりは淡きこと水の如し、小人の交わりは甘きこと醴《れい》（甘酒のこと）の如し」（『荘子』山木篇）という。

小人の交流は利ばかり求めるので、甘酒のようにお互いにべたべたともたれ合っていて、時間が経つに従い辟易《へきえき》とするが、君子の交流はべたついたところがなく、水のようにあっさりとしていて嫌味がない、というような意味である。

ここから「如水《じょすい》」とか「淡交《たんこう》」という言葉が生まれている。

「小人の交わりは甘きこと醴の如し」とは、さしずめ愛嬌たっぷりによい話ばかりする、サービス満点の人気者の交流スタイルであろう。

では、他人力を発揮するためのリーダーとフォロワー（部下）の交わりとは、どのようなものとなるのだろうか。

孔子は、人の付き合い、すなわち交わりにはふたつあるといっている。

「心交」と「利交」である。心交とは信頼と尊敬をベースとする付き合いであり、利交とは利

益を目的とした付き合い（一部、窮迫した者同士がキズをなめあう付き合いもあるようだが）だと孔子は言っている。

「心交」の対象となる友人のことを、私は「心友」と呼んでいる。

他人力を発揮するための付き合いは、もちろん信頼と尊敬をベースとした心交が基本である。しかし、利交を全否定し、捨て去るべきものとすることには異論を挟みたい。利交にも、必要な部分があると私は考えている。

利交があってフォロワーは安心する

リーダー（上司）もフォロワー（部下）もビジネスパーソンである以上は、ビジネスで結果を出すことがミッションである。ビジネスで結果を出すとは、利益を出すことだ。

利益とは、必ずしも決算上の利益（金銭）だけと限らないが、いずれにしても利益がないということは、ビジネスで結果が出ていないということになる。

何のために他人力を駆使するかといえば、結果としての利益を出すためである。利交を全否定してしまっては本末転倒といえる。あまりリコー（利口）な人とはいえない。

また、利交にはもうひとつ大事な働きがある。それは、利交が「信用」の源であるということである。

民を飢えさせないことが、君主の務めであるという。

信頼や尊敬は、リーダーの人格や人間性によって涵養《かんよう》されるものだが、人格や人間性だけでは、フォロワー（部下）は安心して後をついて行くことができない。

リーダーが利のある人であって、はじめてこの人になら安心してついて行けると思える「信用」が生まれるのである。

〝A friend in need is a friend indeed.〟という英語の諺がある。「必要とするときに言ってくれる友が本当の友だ」ということだ。私はこれを「貧《ひん》の友は真の友」と意訳している。

心交は信頼と尊敬を育むが、信用は利交がなければ生まれない。心交と利交とは、いわばマインド（人間力）とスキル（仕事力）の関係である。

リーダーの人格や人間性というマインドの部分は信頼し、尊敬していても、ビジネスパーソンであるからには、利のギャランティー（保証）となるスキルがないと信用は生まれない。

リーダーに信用がなければ、形の上では後につき従っていても、フォロワー（部下）は内心では迷っているのである。

尊敬と信頼、信用という他人力を発揮するためのフルセットは、心交と利交を合わせ持つことで成立するのである。心交と理交の結べる人とは、親交を結ぶのが利口である。

Chapter 2-8

求心力のルール

「至誠にして動かざる者は、未だ之れ有らざるなり」と孟子が言うように、誠実さや真心が人を動かすというのは、私もこれまでの人生で何度か経験している。

個人と個人の人間関係では、誠実さや真心というファクターが求心力を発揮するが、会社という目的集団で求心力を持つものは何だろうか。

私は、それが企業理念、ビジョン、企業の持っているミッション（何をもって社会に貢献するかという使命感）であると考えている。理念が会社の中に定着すると、そこには企業文化が生まれる。

企業文化は、人を惹きつける魅力であり、理念やミッションは会社組織というチームのバックボーンとなる。チームは理念の下に結集する。ピンチのとき、迷ったときは、理念がチームのメンバーをまとめる求心力としての機能をいかんなく発揮する。

理念とはどのようなものか、世界的に有名なジョンソン・エンド・ジョンソンの理念、「我が信条」（Our Credo）を紹介しよう。

ジョンソン・エンド・ジョンソン「我が信条」全文

我が信条

我々の第一の責任は、我々の製品およびサービスを使用してくれる医師、看護師、患者、そして母親、父親をはじめとする、すべての顧客に対するものであると確信する。顧客一人一人のニーズに応えるにあたり、我々の行うすべての活動は質的に高い水準のものでなければならない。適正な価格を維持するため、我々は常に製品原価を引き下げる努力をしなければならない。顧客からの注文には、迅速、かつ正確に応えなければならない。我々の取引先には、適正な利益をあげる機会を提供しなければならない。

我々の第二の責任は全社員――世界中で共に働く男性も女性も――に対するものである。社員一人一人は個人として尊重され、その尊厳と価値が認められなければならない。社員は安心して仕事に従事できなければならない。待遇は公正かつ適切でなければならず、働く環境は清潔で、整理整頓され、かつ安全でなければならない。社員が家族に対する責任を十分果たすことができるよう、配慮しなければならない。社員の提案、苦情が自由にできる環境でなければならない。能力ある人々には、雇用、能力開発および昇進の機会が平等に与えられなければならない。我々は有能な管理者を任命しなければならない。そして、その行動は公正、かつ道義にかなったものでなければならない。

我々の第三の責任は、我々が生活し、働いている地域社会、更には全世界の共同社会に対するものである。我々は良き市民として、有益な社会事業および福祉に貢献し、適切な租税を負担しなければならない。我々は社会の発展、健康の増進、教育の改善に寄与する活動に参画しなければならない。我々が使用する施設を常に良好な状態に保ち、環境と資源の保護に努めなければならない。

我々の第四の、そして最後の責任は、会社の株主に対するものである。事業は健全な利益を生まなければならない。我々は新しい考えを試みなければならない。研究開発は継続され、革新的な企画は開発され、失敗は償わなければならない。新しい設備を購入し、新しい施設を整備し、新しい製品を市場に導入しなければならない。逆境の時に備えて蓄積を行わなければならない。これらすべての原則が実行されてはじめて、株主は正当な報酬を享受することができるものと確信する。

ジョンソン・エンド・ジョンソン

理念を共有する社員は強い

強力な求心力は、多くの人を結集させ、脆弱《ぜいじゃく》な求心力は、わずかな人さえ引き留めることができない。

したがって、リーダーは大きなビジョンやミッション（使命感）という夢を語らなければならない。夢や理念のない会社や人が、大きなことを達成することはあり得ないからだ。

また、理念を共有する社員は、ちょっとやそっとのピンチでは動じない。ピンチに立ったときに、リーダーを振り仰ぎ指示を待つのではなく、自ら事態の打開へ動き出す。理念に立ち返れば、ピンチのときでもやるべきことは決まってくるからだ。

換言すれば、理念とは大義、それも正しい大義のことである。同じ大義でも正しくない大義もある。スターリン、毛沢東、ヒトラーはそれぞれ自分なりの大義を持っていた。だが邪悪な大義である。

一方、理念のない会社でも、経営者に抜群の人間力と仕事力があれば、経営者自身に求心力があるため社員は尊敬と信頼をもってついて来る。しかし、経営者の自分力では、社員が共有することはできない。たとえ共有したとしても、その経営者が引退すると理念も消えてしまう。

会社員に共有された理念は求心力を生み、理念の共有は強い社員をつくる。理念とは、他人力を結集するために欠かすことのできない極めて重要な要素なのである。

Chapter 2-9

「やらされ感」ではなく、「やりたい感」を与えるのが他人力

他人力のあるリーダーか、他人力のないリーダーかは、フォロワー（部下）の働き方を見ればよくわかる。

部下がＦＵＮ（楽しそう）に仕事をしていれば、リーダーに他人力がある証拠であり、他人力のないリーダーの下で働く部下は、ＦＵＮ（ファン）でなく不安（フアン）な顔で仕事をしているものである。

ジョンソン・エンド・ジョンソンの元ＣＥＯジェームズ・バークは常に「ＦＵＮ（楽しむ）でなければ、いい仕事はできない」と言っていた。

バーク氏の言葉を敷衍《ふえん》すると、仕事を楽しむ（ＦＵＮ）ことができれば、自ずといい結果がついて来るということになる。

これもわたしの経験からいって真実正解と思う。

よって、リーダーとしてはフォロワー（部下）が楽しんで（ＦＵＮ）仕事ができるよう、環境を整えてやるべきだろう。

いうまでもなく、人が楽しんで仕事をするときは、「やりたい感」をもって仕事をしているときである。

反対に「やらされ感」をもって仕事しているときは、それがたとえ得意分野であっても、とても仕事を楽しむ気分にはなれないものだ。その結果、稼働率も生産性もガタ落ちとなる。

部下が「やらされ感」を覚える上司の言葉の筆頭は「がんばれ」というひと言である。「がんばれ」は、「オレはこれからゴルフに行く、お前は死ぬほど仕事をがんばれ」と言っているようなものだ。その点でいえば、他人力のあるリーダーは、「がんばれ」ではなく「がんばろう」と言う。そこが大きな違いだといえる。

「がんばろう」には「オレもやるから、おまえもやれ」という「共働《きょうどう》」の思いが背後にあるからである。

部下が「やりたい感」を覚える上司の態度

部下に「やりたい感」を与えるには、リーダー（上司）の態度や仕事の与え方が肝心である。部下に「やりたい感」を与えるためのリーダー（上司）の態度とは次のようなものだ。

・上司からも積極的にあいさつをする。
・自分の感情をコントロール（抑制）でき、決して不機嫌な表情や態度を見せない。

・否定的な言動をしない。
・部下の話に積極的に耳を傾ける。
・上司自身が楽しそう（ＦＵＮ）に仕事をしている。

また、部下に「やりたい感」を覚えさせる仕事のさせ方は、次のとおりである。

・何のために何をやるかを部下によくわかるよう明確に説明している。
・仕事の期限と要求レベルを明示したうえでやり方は部下に任せ切る。
・君ならできるという信頼感を部下に示す。
・結果に対する評価を明確に示す。
・評価にふさわしい処遇をする。

このなかでリーダーが特に留意すべきことは、「結果に対する評価を明確に示す」である。部下が一番悲しいのは、自分のやった仕事が結局どう評価されたのかわからない、どう貢献したのか、何のレスポンスもないことである。

結果に対する評価は、よくても悪くても、明日への励みとなる。

他人力のあるリーダーは、結果を評価するとき、総括だけに終わることなく、どこがよかったか、どんな貢献をしたか、足りなかった点は何か、改善すべき点はどこかを事実に基づいて具体的に挙げ、次のチャンスに向け部下の成長を促すのである。

Chapter 2-10

ギブ・アンド・ギブンが人の心を掴むための基本動作

ビジネスは、ギブ・アンド・テイクが基本といわれる。

モノやお金の動きだけでなく、我々は人と人との関係もギブ・アンド・テイクをベースにしている。会話という言葉のやりとりも、「ギブ（与える）」と「テイク（とる）」によって成り立っている。

ただし、ギブ・アンド・テイクは普通の人の普通の振る舞いである。


他人力のあるリーダーの態度、振る舞い（基本動作）は、ギブ・アンド・テイクのレベルではとても十分とはいえない。

ギブ・アンド・テイクには、人を不愉快にさせない節度はあっても、人を感動させ、人の心を掴む驚きがないからだ。

リーダーたる者、ギブ・アンド・テイクだけでは、人気者にさえなれない。

リーダーがとるべき態度について述べる前に、普通にさえ劣る、やってはいけない振る舞いについて見ておこう。

やってはいけない振る舞いには2種類ある。

ひとつは、「テイク・アンド・ギブ」である。先に取るものを取ってから、与えるという行動だ。代金先払い、商品後渡しという方式である。

お金をもらった後に商品を渡すというのは、お客さまから見れば代金回収を疑っているのだと映る。人と人との関係においても、テイク・アンド・ギブは相手を信じていない証であり、相手からすれば自分を信用しない人間を信じることなどできない。

基本動作の初歩の初歩は、日本語でも「やりとり」というように、常にギブが先でテイクが後、ギブ・アンド・テイクなのである。

奪うだけの管理は最悪、だれもついて来ない

最悪のケースは、「テイク・アンド・テイク」だ。いわゆる〝やらずぶったくり〟である。テイク・アンド・テイクという詐欺のような振る舞いは、社内にあるはずがないだろうと思うかもしれない。

ところがそうでもない。案外、頻繁に行われているものだ。

部下ががんばって仕事を仕上げても、ねぎらいの言葉ひとつかけない。これは、部下のがんばりをテイクしていながら、何のギブも返さないということだ。

自分の都合で部下を呼びつけるが、部下からの相談や報告は無期限の後回しにしてしまう。これも、部下の時間をテイクするだけで、自分の時間はギブしない、まさにテイク・アンド・テイクである。

中でも最悪なのは、部下のやる気を奪う（テイク）ばかりの上司だ。

部下の心を掴むための最高のパターンは、「ギブ（与える）・アンド・ギブン（与えられる）」である。

「与えよ、さらば与えられん」ということである。日本語では「情けは人のためならず」という。テイクを前提にしないギブともいえよう。

それが「情は人のためならず」という言葉の意味だ。

人に施すということは、それが巡り巡って自分に利となって返ってくるというのは、人の世の原理であり法則でもある。

与えるためには、まず自分の心が豊かであることが大事なことである。あらゆる意味で余裕のない人が、他人に何かを与えることなどできない。

他人力のあるリーダーであるためには、精神的にも物質的にも豊かであること、つまりは余裕を持つことを心がけるべきなのだ。

Chapter 2-11

背後の船を焼いて人心を掴め

かつて、日本中の小学校の庭に、薪を背負って歩く姿の像が建っていた二宮尊徳（幼名金次郎）は、江戸時代末期の篤農家《とくのうか》であるとともに、廃村寸前の村を立て直す村落再建の達人でもあった。

今日でいえば、地方都市再生の専門家のような人だったのである。

当時の村落の経済は、ほぼ１００％農業によって成り立っていた。

したがって、尊徳の仕事は村の農業の再生であり、収穫量を上げるための土壌の改革や新田開発などの技術指導が中心である。

尊徳は、藩の主君から直々に依頼され、領内にある田畑が荒廃した村へ赴任し、村人を鼓舞し、田畑の生産性を上げ、村人に自信と誇りを取り戻させ、そうしていくつもの村を立て直してきた人物である。

農業の再生が仕事である以上、尊徳が相手とするのは村の農民である。

土地や治水を改良するにしても、実際に土木作業をするのは村の農民たちである。日々の農作業は、もちろん農民たちの仕事だ。したがって、なによりも農民の心を掴まなくては、尊徳の仕事である農業の再生はあり得ない。

しかし、村人にとって尊徳は突然やって来たよそ者であり、お上から派遣された人物とはいえ、同じ農民である。そう簡単に村人は心を許すはずがない。

かといって、村の人々との人間関係づくりに時間をかけていては、廃村寸前の村はいつまで持つかどうかわからない状態である。

与えれば必ずそれ以上のものが返ってくる

尊徳は、背水の陣を敷いて臨むことにした。

任地の村に赴く前に、いままで住んでいた家を家財ごとすべて売り払い、そのお金を廃村寸前の村の再建資金の一部として寄付したのである。

もはや尊徳には帰る家もなければ、暮らしのためのお金もない。村を復興させなければ、自分自身も妻も身の破滅である。

背水の陣を敷いたうえに、さらに背後の船を焼いて退路を絶ったのである。

後年、尊徳は人に尋ねられて次のように語っている。

「財産すべてを寄付して、どうやって生活するのかと不安に思う人がいるが、すべてを寄付すれば、その日の夜から村人が、お困りでしょうと食糧や家財道具を持ってきてくれる。暮らし向きは、以前よりも豊かになるくらいだ」

尊徳の振る舞いは、いわば捨て身の「ギブ・アンド・ギブン」といえよう。

尊徳の「ギブ・アンド・ギブン」は、たしかに最初の一撃で大勢の村人の心を掴んだが、それだけでは終わらない。

廃村寸前の村といっても、村には数百人の村人がいる。全員が、尊徳の捨て身の行動に心を動かされ、従うというわけにはいかない。尊徳は背中で村人を引っ張った。村のだれよりも情熱的に、献身的に農業にとりくんだ。

尊徳が、最も力を入れて村人に与え続けたのは、自信と誇りである。負け犬だった村人に「やればできる」という事実を見せてやることだった。

そのために、どんな怠け者にでも、尊徳はお金も、自分の持つ技術と知識も、すべてを与え続けたのである。

俗に「損して得とれ」という。尊徳とは徳を尊ぶという名前だが、「損」して得とるのソントクと考えると、まさに「ギブ・アンド・ギブン」ではないか。

Chapter 2-12

人たらしの術を身に付けよ

人たらしとは、味方をつくる技術であり、他人力の重要要素でもある。

歴史上の人物で代表的な人たらしといえば、やはりなんといっても豊臣秀吉だろう。人を味方につけるには、利をもって懐柔《かいじゅう》することが基本となるが、元手をかけずに相手に利をもたらすこともできる。

たとえば、それはほめることだ。他人力の達人は人をほめる達人でもある。

お世辞や追従もほめることの一種だが、ほめるという行為の本質は、相手の自己重要感を刺激し、満足させることである。

しかし、歯の浮くようなお世辞や、空虚な追従では、相手が抱いている真の自己重要感を満足させることはできない。

ある会社の部長が、取引先の社長を招いて懇親会を開いた。

社長の夫人はたいそう美人と評判の人だった。部長は、盛んに夫人のことをほめ、美人の奥さんを持っている社長を賞賛しようとした。

ところが、社長は応じない。そこで部長は、かねてから用意していたおみやげを取り出し「奥さまにどうぞ」と差し出した。

すると、社長は怒って帰ってしまったのである。社長は最近、夫人と離婚したばかりだったのだ。

事実を無視した実体のないお世辞や追従では、人の心はかえって離れてしまう。

ほめるべきは、ほめる本人が納得できる事実であること。そして、肝心なのはほめられる相手の自己重要感を満足させることだ。正しいほめ方は〝Compliment〟である。

くだんの部長のように、離婚という事実を無視して、別れたばかりの夫人をほめて社長の自己重要感を傷つけてしまうようでは、うまい人たらしとは到底いえない。

伝説のドアマンの接客術

あいさつをしないというのは、相手の自己重要感を傷つける行為である。

反対にあいさつにひと工夫することで、相手の自己重要感を満たすこともできる。それはあいさつに相手の名前を添えることだ。

自分の名前は、世界で最も美しい響きである。特に社長のような雲の上の存在から、名前を呼ばれることを社員は大変な名誉に感ずるものだ。

ジャック・ウエルチは、CEOのときGEの社員3000人の名前と顔を憶えたという。故竹下登元総理が、霞ヶ関の官僚全員の名前と入省年次、その後のキャリアを記憶していたという話も有名である。

毀誉褒貶《きよほうへん》は分かれるが、かの田中角栄氏も人の名前をよく覚えていたという点では有名である。

人に会って「君の名前は何かね?」と聞いて、相手が「吉田でございます」と答えると、「吉田君ということはもちろん知っとるよ。ワシが知りたいのは下の名(個人名)だ」と切り返したという話もある。

おそらく本人は姓も忘れていたのだろうが、この切り返しには憎めない当意即妙《とういそくみょう》さを感じる。

Nさんという「伝説のドアマン」がいた。大阪の名門ホテルのドアマンだったNさんは、財界・官公庁のトップ4000人の顔と名前を憶えていた。

記憶力がよかったからではない。就任直後から、休日ごとに利用客である一部上場企業や役所を回り、社用車、公用車の車種とナンバーをメモし、実はそのメモを毎日憶え込んでいたのである。

まず車と乗っている人を一致させ、名前と顔を一致させたのだ。

Nさんは、財界・官公庁のトップの車が来ると、車を見ただけでだれが来たのかがわかった。お客さまが車を降りた瞬間「○○さま、いらっしゃいませ。今日の会議は○階でございます」と応じることができたのだ。

やがて「今度、知り合いの息子が結婚するが、ここを紹介するのでよろしく頼む」という話がNさん名指しで舞い込むようになった。お客さまの自己重要感を満たすNさんの姿勢が、お客さまという他人の力までホテルに引き込んだのである。

第3章

Chapter 3

無情のリーダーに他人力なし しかしときには 非情が信頼を生む

Chapter 3-1

リーダーに必要な条件はAWE（畏敬）

人が人を「おそれる」という場合、必ずしも恐怖を覚えるということではない。「おそれる」には「恐れる」と「畏《おそ》れる」がある。

恐れるとは、危険や危害を感じて恐怖することである。恐ろしい人というのは、平たく言うとコワイ人のことだ。

コワイ人は、いつ怒りだすかという恐怖感を周囲にまきちらしている。うっかり逆鱗に触れたら我が身が危ない。

こういう人に対する普通の対処法は、基本的に近づかないことだ。「鬼神は敬して遠ざける」『論語』というが、まさに敬遠するのである。したがって、こういう人には人は寄ってこない。

また、突然怒り出す人は熱のあるコワイ人だが、非情な人というのは冷たいコワイ人といえる。無用となったら、いかに過去に貢献のある人間でも、容赦なく切り捨てるような非情な人はだれもが恐れる。

こちらも、「さわらぬ神に祟りなし」と人が寄り付かないリーダーのタイプである。

一方、畏れるというのは、相手をうやまい、かしこまることだ。尊敬する人に対し、失礼があってはいけないとおそれる気持ちである。

畏敬される人のことを平たくいえば、本当の意味での「偉い人」となる。こういう立派な人に対しては、礼節をもって接することに努めるのが、普通の人の基本的な態度である。

非情と有情

リーダーにはＡＷＥ（畏敬《いけい》）が必要である。

ソニー創業者の井深大氏やホンダ創業者の本田宗一郎氏は、会社が世界的な規模になってからも、よく現場に下りてきてはそこで作業する社員に声をかけたという。

しかし、どんなに社員を相手に和気藹々と話をしていても、井深氏や本田氏にはあたりを払う威厳があった。自然に身体から発せられる威厳であり、畏敬である。本人が努めて装うことができるものではない。

人気者には、親しみは持ててもＡＷＥを持つことはない。それが人気者の限界である。人気者というだけでは人に好かれ、大勢の人が寄ってきても、人々はＡＷＥを覚えない。

組織を率いるリーダーは、ときに非情な決断をしなくてはならないときがある。

人気者に足りないのは非情さだ。非情になれない人には土壇場の信頼感がない。

一方、人が寄りつかないコワイ人にも非情さはあるが、それはむしろ相手の気持ちを慮《おもんぱか》ることは一切なしで、平気で人を切り捨てるのは無情に近いものである。無情な人には、信頼も尊敬もない。

では、非情を無情としないためにはどうすればよいのだろうか。それは、非情と有情のバランスである。経営の神様、松下幸之助氏も、戦後、環境悪化のため、1950年に当時の社員4438人から567人のリストラ（待命休職）を行っている。

そのとき社員に示したものがこれだ。

・自活の道がある社員はその道に進んでほしい、会社はできるだけの支援をする。
・会社に残るのもよい、しかし、いままでのように給料は保証できない。
・会社の業績がよくなり戻って来たい者は、いつでも復帰を歓迎する。

会社が生き残るために決断しなければならないリストラは「非情」だ。そして、会社が立ち直ったらいつでも戻って来てほしいと呼びかける心は、まさに「有情」である。

有情の人は外部環境が極度に悪化した場合などに、社員を解雇することはあっても人から憎まれない。

首を切るというのは非情な行為ではあるが、松下幸之助氏のように相手を思いやる気持ちを伝えて「鬼手仏心《きしゅぶっしん》」で人を遇すれば、畏敬の気持ちは傷つかない。

Chapter 3-2

泣いて馬《ば》謖《しょく》を斬ることも大切

私の部下に、成績がまったく振るわない、能力も意欲も低いマネージャーがいた。私は彼を降格させた。

降格は非情な決断であったが、降格によって彼は自分の能力に見合う仕事をすることができた。

部下がいなくなったので、部下育成の仕事がなくなり、彼が担当する顧客の数も減った。担当エリアも小さくなった。

背負う荷物（ワークロード）が減ったのである。

その結果、彼の成績は以前よりも上がった。成績が上がったことで、彼は再び自信と意欲を取り戻し、成績はさらに上がった。成績が上がったことで、降格で下がった給料も元の水準近くまで戻すことができた。

人には適性というものがある。そのときは非情と見える降格であっても、適切なレベルで働かせてやることは、会社にとっても、本人にとっても幸福な場合がある。

一見、非情な人事であっても、部下を生かすことはできる。その鍵は、人の痛みを知ることだ。人の痛みを知っているリーダーが下した決断であれば、部下はそこに隠れた有情をうかがい知るものである。

部下は、自分のことを思いやってくれた有情を感じれば、降格であっても、絶望することがないし、意欲を失うこともない。

人間力のある非情さは結束力を生む

非情な決断を表す有名な言葉に「泣いて馬謖《ばしょく》を斬る」がある。

『三国志』に収められている諸葛孔明の逸話だ。孔明は魏の国の攻撃に備え、愛弟子の馬謖に街亭《がいてい》という場所の守備を命じる。下命する際、孔明は必ず平地に布陣するよう教えた。

しかし、馬謖は孔明の言いつけを守らず、山頂に布陣する。敵より高い位置に布陣するのは兵法の常道というのが、馬謖の考えであった。

馬謖に遅れて到着した魏の軍は、馬謖の布陣を見て山を囲み兵糧攻めを行った。

馬謖のいる山には水源がない、水の補給は、近くの川まで行かなくてはならない。魏の軍はその補給路を断ったのである。

水がなければ煮炊きもできない。蜀の兵は飢えと渇きに苦しむこととなる。馬謖は乾坤一擲《けんこんいってき》、山から攻め下るものの大敗を喫する。

馬謖は、言いつけに背き要衝の地を失った責めを負い刑死した。処刑された馬謖を見て、孔明は声をあげて泣いたという。

愛弟子を処刑した孔明の非情な決断は、軍の規律を守り、兵の信頼を失わないための決断である。愛弟子だからと処分を緩めては、兵は孔明を信じなくなる。

「信なくば立たず」という。

これにより、兵の不信を防いだ。しかし、もしこれが情に厚い劉備だったらどうだったろう。才に長けた孔明では、いくら泣いても人はそこには計算を感じるものである。

一方、劉備が涙ながらに馬謖を処刑したのなら、兵は劉備の心痛を思い、同情しつつ、劉備は自分たち兵の士気を失わせないために、断腸の思いであえて馬謖を斬ったと兵は劉備の思いを察し、さらに信頼感を深めることとなる。

孔明の非情さは、規律を守り兵の士気が失われるのを防いだが、劉備なら、同じ行動によって、さらに兵の士気を高めたのであろう。

同じ非情な処置であっても、人によって、結果はかなりの違いがある。この違いが、孔明と劉備の人望の差、人間力、そして他人力の差といえるだろう。

Chapter 3-3

できる人には、できるがゆえのリスクがある

才能豊かな人は、周囲から羨望の的となる。

学業でも、スポーツでも、仕事でも才能と運に恵まれ、華やかに活躍する人は、周囲が羨《うらや》むスター的な存在である。本人も気分がよいだろう。

しかし、得意絶頂には、必ずリスクがあることも忘れてはならない。

好事魔多《こうじまおお》しという。

前述の馬謖も、孔明が一目置くほどの才能の持ち主だった。それゆえに過信に陥り、取り返しのつかない失敗を犯すことになる。

馬謖の失敗は、自分自身の中にある「心中の敵」によるものだが、羨望の的になるような人は、外敵からも狙われやすい。

人を「羨む」という感情は、人を「恨む」に転化しやすく、羨望はたやすくねたみや嫉妬に変わることがあるからだ。

人に恨まれたり、人からねたみや嫉妬を買っては、他人力は大きく損なわれる。

豊かな才能に恵まれるのは、いいことばかりのように思えるが、一方でこうしたリスクのあることをリーダーは忘れてはならない。

「才は用いるもので、才を用いるのは徳である」というが、人に用いられる立場のプレーヤーは豊かな才能をいかんなく発揮すればよい。

だが、プレーヤーを用いる立場のリーダーとなったならば、才を発揮するだけでは務まらないのである。

背後に情がある非情さはチームの士気を上げる

リーダーには、ときに非情さが必要であるし、非情さによって、よりフォロワー（部下）の信頼が高まることもある。

しかし、才走ったリーダーの非情さと人間力のあるリーダーの非情さでは、周囲に与える印象は大きく異なる。

前項で述べたとおり、才走った孔明と情に厚い劉備では、同じ非情さであっても兵の士気は格段に違ってくる。

非情が無情に見えないのは、劉備の人間力のなせるワザだ。このワザが他人力を大きくする。仕事ができるリーダーは、仕事ができることを他に誇るのではなく、むしろ劉備のような他人力に磨きをかけるべきである。

それが、才ある人が、周りから恨まれたり、ねたみや嫉妬を買わないためのリスク回避の方法であるとともに、非情さを無情さとしないための方法でもある。

他人力のある人とは、「人の痛み」のわかる人なのだ。

では、非情を無情にしないとは、具体的にどういう行動になるのか。

例を示せば、次のようになるだろう。

・目標達成には妥協しないが、部下が目標を自分のもの（マイベビー）とするまで話し合う。
・結果には責任を求めるが、自由にものが言えるよう、部下の話に耳を傾ける。信賞必罰は徹底するが、部下が失敗しても再チャレンジのチャンスを与える。
・部下に常に新しいことへの挑戦を求めるが、部下の自己啓発を手厚く支援する。
・仕事を任せたら安易に答えは教えないが、ヒントは与え、部下が答えを見つけるまでじっと我慢して見守る。
・部下の失敗は厳しく注意するが、部下を愛し、成長のためのアドバイスをする。
・ときには、部下の弱みをはっきり指摘するが、主なエネルギーは部下の強みを最大限に発揮させることに注ぐ。

Chapter 3-4

人に重なくば威あらず、トップリーダーは畏《おそ》れられる存在であれ

人から畏れられるには、信頼と尊敬を得ることが条件だが、信頼され、尊敬されるには何が必要なのだろうか。

人が畏敬する人、すなわち、信頼され、尊敬される人とは、実績や地位、肩書きではなく、その人の持つ人間力に負うところが大きい。

ピーター・F・ドラッカーは「リーダーは高潔な品性を持ってこそ、指導力を発揮し、多くの人の模範となりうる」と言っている。

高潔な品性のことを英語では〝Integrity〟という。欧米では〝Integrity〟は、経営者が備えるべき大事な資質とされている。

高潔な品性を持った人は、信頼と尊敬の対象であって、羨望や怨嗟《えんさ》の対象ではない。無論、人気者の上を行く存在でもある。

したがって、高潔な人は敬われることはあっても、恨まれることはない。

孔子は、このドラッカー博士の言葉を「君子、重からざればすなわち威あらず」（『論語』）というように言い換えている。

重さとは高潔な品性である。リーダーに高潔な品性があってこそ「威風あたりを払う」とい

うことになるのだ。

非情なだけのリーダーは、恐れられる存在だが〝Integrity〟のあるリーダーは、畏れられる存在である。「恐れ」とは、理解不能なもの、理不尽なものに対し向けられる感情だが、「畏れ」には相手を認めて尊敬するという納得性がある。

したがって、リーダーの非情さには、その後ろに有情と〝Integrity〟とが備わっていることが肝心なのだ。では、高潔ではあっても非情になれない。人情型のリーダーには一体何が足りないのだろうか。

畏敬も他人力を使って得よ

人情型リーダーも人気者のひとつのタイプである。

人情型リーダーにも2種類ある。

ひとつは、自分に余裕のあるときは人情家となるが、自分に火の粉が降りかかりそうになると「無情」になるタイプである。

もうひとつは、自分を犠牲にしても、フォロワーのために働くタイプである。前者の無情型は高潔さもなく話にならないが、後者の自己犠牲型もリーダーとしては適格とはいえない。情に厚い人は、とかく情を第一として考えがちで、相手の情を失うことを恐れる傾向がある。そのため、ときにチームの目的よりも、情を優先するという本末転倒の過ちを犯しかねない。それは、あたかもひとりの遭難者を救出するために、チーム全員を危険にさらすようなものである。情けは人のためならずといっても、過ぎたる情けは仇となる。

人情型のリーダーに足りないのは、小の虫を殺し大の虫を生かす非情さという勇気であり、自分の甘さを抑える我慢である。

繰り返しになるが、重要なのは有情と非情のバランスだ。

しかし、情に厚いのは本人の性格であり、生まれつきの性格は簡単には変えられない。情に厚いことは弱点でもあるが、ひとつの美点でもある。

弱点の部分は他人の力で補えばよい。情に流されがちなリーダーが、人から畏れられる存在になるには、規律を厳格に守る人の力を借りて、チームの規律はその人に任せ切ることだ。任せ切ることで、厳格な規律を維持する実行者はリーダーとは違っていても、その意思はリーダーのものとなる。

畏れられる存在になるにも、他人力は力を発揮するのである。

経営者にとって自分力というアイデンティティは、しっかりと保ちながらもコンプライアンス（法令順守）や規則の担保を図るためには、法務部、監査部、ＣＳＲ部などの他人力を有効に活用するという機能の分担をすることが必要となる。

Chapter 3-5

部下にストレッチ納得目標を与えることはリーダー自身を鍛えること

リーダーとフォロワー（部下）の間には、適切な緊張関係が必要である。お互いがなれ合っているという仲よしクラブでは、目標達成はできないからだ。

目標の設定で大事なことは、目標がストレッチ目標であること。ストレッチ目標とは、手を伸ばしただけでは届かないが、少し背伸びをするかジャンプすれば届くというレベルの目標である。努力なしでも楽々達成可能な目標では、人は成長しない。少し努力すれば届く程度の高さに目標を設定することが、会社と社員の成長のため、そしてリーダー自身の成長のためにも大事なのである。

そしてこのストレッチ目標は、会社と社員、双方が納得した目標でなければならない。会社が、一方的に押しつけるノルマ目標では達成が難しい。押しつけでは、社員のチャレンジ意欲につながらないからだ。

社員は、目標を我がものとしたとき、力を発揮する。

そのため、目標を設定する段階では十分な事前の話し合いが必要となる。

話し合いとは、会社が求めるレベルと社員本人が納得してやる気になるレベルの摺り合わせであり、部下にとっては、目標を我がものとするプロセスである。このとき、リーダーは部下を説得することも必要だが、説得だけでは納得目標とはならない。

「力をもって服するは心から服するにあらず、徳をもって服するはよろこんで服するものなり」（孟子）という。

前者を屈伏《くっぷく》といい、後者を心服という。

屈伏は、説得による目標の押し付けであり、納得目標は心服によるものだ。地位と理屈という力で押し切っても、心服とはならない。ここでも力を発揮するのは他人力である。

心服のない目標を押し付けられた場合、部下は不服を感じる。

納得目標とするために、部下の要求に合わせて目標のレベルを下げたのではリーダーの負けである。これでは、そもそも会社や部門の目標が達成できない。

チームワーク重視のリーダーは、高い目標を要求することによって、部下の心が離れてしまうことを恐れ、ついつい手綱を緩めようとしてしまう。

リーダーは自分の甘さを克服せよ

目標に向かっての実行プロセスでも同様なことは起きる。

達成が困難になると、部下から「むずかしい。とてもできない。ヒマがない。人も足りない。金も足りない」という他責の言葉が出てくる。

しかし、リーダーが弱気になれば、部下は撤退を始める。リーダーのマイナスの心は、部下には3倍ほど増幅されて伝わるものだ。

納得目標を設定するときも、目標に向かっている実行プロセスの立案のときも、リーダーは安易な妥協をしてはならない。

ここでは非情さよりも、むしろ相手を思う情がモノを言う。

なぜ目標を達成しなければならないのか、目標にチャレンジすることは、会社と部下にとってどういう意味があるのか、困難を克服することで得られるものは何か、達成したときにはどんなリターンがあるのか、相手のことを思って、粘り強く話し合いを続けることが肝心である。

私は、リーダーに最も強く求められる資質や能力は、忍耐心であると考えている。

安易な妥協の原点にあるのは、部下の心が離れてしまうかもしれないという恐怖だ。

したがって、ここで求められる非情さとは、部下に向かっての非情さではなく、リーダー自身の心の甘さに向かう非情さである。

Chapter 3-6

正しいチェックの入れ方と任せ方の黄金律

リーダーにとってフォロワー（部下）を育てることは、他人力を養うための一丁目一番地であり、基本中の基本である。

人を成長させるには、仕事を任せることが最も効果的だ。それも、修羅場を任せることが大きな効果を生む。修羅場とは、結果を出す責任のある仕事のことである。

ピーター・ドラッカーは、「人を育てるための最も効果的な方法は任せることである」という言葉を残している。

仕事を任せるうえで最初に心得ておくことは、一度フォロワー（部下）に仕事を任せたのなら、徹底的に「目一杯任せ切る」ことである。

リーダーが部下に仕事を任せるのは、リーダーが楽をするためではない。部下を育てることが目的である。したがって愛情がベースとなる。

人を育てるには、愛情がなくてはならない。

しかし、そのうえで、ときに表面的には非情であることも求められる。むしろ、部下に仕事を任せ切るには、過度な愛情がかえって害になることさえあるのだ。

リーダーの愛情が有害なケースとは、次のようなものだ。一部、先述したものもあるが、ここでもう一度振り返ってみよう。

有害な愛情と有効な非情

・リーダーの口出しが多い／部下がうまくやれるように、手取り足取り指導するというと聞こえはよいが、リーダーが手取り足取り教えたのでは、失敗しても部下は責任を感じない。成功しても部下の自信とはならない。それでは、部下の成長を阻害することになってしまう。

・リーダーが過度に進捗状況を知りたがる／うまく行っているか気になって仕方がなく、部下の顔を見るたび進捗状況を聞きたがる。これでは、部下は任せられた気がしない。報告はあらかじめ決めたルールに則って行われるべきである。

・途中で部下の仕事を取る／進捗状況が思わしくない場合、部下が失敗してつぶれてしまうことを恐れ、任せたはずの仕事の一部を、自分を含めただれかに肩代わりさせる。部下がつぶれるのではないかという心配は、仕事を任す前にすべきだ。放たれた矢を戻すことはできない。一度任せたら、リーダーは覚悟を決めるしかないのだ。任せたあとは、任せ切るという覚悟が必要である。

情を示すことが必要なときとは、部下が孤独感に襲われていたり、自信を失いかけているときに励ます場合だ。

部下の痛みや苦しみに共感する情がないと、励ましの言葉は相手には届かない。口出しはしなくても、部下をよく見ていることが愛情である。

一方で、非情さがかえって有効なケースもある。

部下から進捗が思わしくないと相談されたときには、どんなに部下が悩んでいても直ちに正解を与えてはならない。

部下が自分で正解を見つけられるよう、ヒントとなる示唆やアドバイスに留めておくことが肝心なのである。

非情に思えても、長い目で見れば、そのほうが部下の成長につながる。

また、部下が間違った方向に進みそうになったときも、本人が自ら過ちに気付くように誘導してやることが大事である。

何のためにやる仕事か、ゴールはどこか、目的と目標を再確認させることで、たいていの部下は過ちに気付くので、自ら是正措置をとることができる。

仕事を任せるにも、有情と非情のバランスが大事なのである。

Chapter 3-7

結果の評価は非情でも、プロセスは情を持って目を配れ

仕事は結果である。それがプロというものだ。私は「サラリーマンとは会社に仕事をしに行く人。ビジネスマンとは会社に結果を出しに行く人である」と考えている。

プロは結果を出さなければ、プロとはいえない。

結果の評価は非情でなくてはならない。明確な結果が出ているのに、その評価にリーダーが情を挟んでは、フォロワー（部下）の信頼が失われる。諸葛孔明が、愛弟子の馬謖を処分したのも、この原則を守ったからである。

つまり、個人的な好き嫌いの感情で、評価を左右することは決してあってはならないことだ。好き嫌いの感情や自分にとっての損得で部下を評価し、その処遇を決めることを「情実人事」という。

人はごますりやお世辞に弱い。愛想よくすり寄って来る人間のことは、だれでも愛《う》いやつと思ってしまうものだ。人を見る目が厳しくて、お世辞や追従に動かされることのなかったナポレオンですら、「閣下はお世辞には動かされないので困ります」とにじり寄ってくる部下は可愛がったという逸話もある。

しかし、「情実人事」を行っていては、組織は絶対に強くならない。

一方で、結果だけをシビアに評価するのでは、フォロワー（部下）の心を掴むことができない。結果の評価だけなら、機械が採点しても同じ答えが出るからだ。

機械では、人の心を動かせない、心を動かせなければ、他人力は発揮できない。人がやることには、機械を超えるものがなくてはいけないのである。

陰の働きを見るのが有情

江戸時代、ある藩では豊作が続き、殿さまはそれをよろこび、城下の村々から特に功労のあった者を推薦させ、その村人を城に招き褒美を与えるということを決めた。

ある村では、ひとりの若者を選ぼうという声が多かった。

多くの村人は、この若者が朝早くから夜遅くまで、普通の村人の3倍から4倍ほどもよく働いていたのを見ていたからである。ところが、村の長である名主は風采《ふうさい》の上がらぬ老人を選ぼうとした。

老人は、いつも田の隅のほうで、特に目立った働きをするでもなく、村でも地味な存在だった。若者を支持する人々は、名主の判断に合点がいかず、なぜ若者ではなく、地味な老人を選ぶのかと、名主のところに押しかけた。

名主は、若者と老人を呼んで来ると、みんなの前で、まず若者に向かってこう言った。

「お前はたしかに人の3倍、4倍と働いた。だからお前には私から褒美をやろう。しかし、お前が人の3倍、4倍働いていたのは、人が見ているときだけだ。私は、人がどれだけ働けるかよく知っている。お前の働き方では、10日と身体が続かない」

人の目がないときには怠けていた若者は、恐れ入って何も言えなかった。

名主は続けて老人に向かってこう言った。

「お前が人の見ていないところで、田の石を拾い、木の根を掘り起こし続けていたことを私は知っている。だれもやりたがらない仕事を毎日毎日、黙々とやり続けた。今日、村が豊作に恵まれたのも、お前のような陰の働きがあったからだ。私は、お前のような者が村にいることを誇りに思う。私は、お前をお城に推薦する」

村人に異論はなかった。自分たちの意見は通らなかったが、それよりも、名主がここまで自分たちのことに目を配っていたのかと、強く心を動かされ、改めて信頼と尊敬を深めたのである。

Chapter 3-8

リーダーは自ら自責の風を吹かせ

戦略の心は「選択と集中」である。言い方を変えると「優先順位」である。「選択と集中」を別の表現で言い換えると、「必要なこと、できることであっても、あえて切り捨てる」ことだといえる。

優先順位の上位のものであっても、得意分野のことであっても、あえてやらないという捨象や廃棄の決断が、「選択と集中」という戦略の要諦なのだ。

「できること、必要なことだけをやる」というのは、「選択と集中」ではない。「あえてやらない」のが「選択と集中」の心なのである。

捨てるという決断は、案外難しい。非情にならないとできないものだ。

「だれにとっても優先順位の決定はそれほど難しくない。難しいのは劣後順位の決定、なすべきでないことの決定である。一度延期したものを復活させるのは失敗だ。このことが劣後順位の決定をためらわす」（ピーター・ドラッカー）

捨てられないという現象はよく起きる。

経営者の肝煎りでつくった新商品は、売れ行きが悪くてもなかなか処分されないことがある。経営者は、商品に愛着があるし、金もつかった、協力してくれた社員もいる、そのため、なんとか起死回生の道はないかと考え、製造・販売の中止には首を縦に振らない。

そのため、売れ残った商品が、倉庫に「罪庫」の山となって残るのである。

たしかに、新商品には起死回生の道があるかもしれない。やろうと思えば、できることである可能性もある。

しかし、それがいまやるべきことなのかどうか、厳格かつ非情に判断するのが「選択と集中」なのだ。

自分の失敗を認めて厳しさを示せ

また、新事業に着手し、新しい部署をつくったが、それがうまく機能しないということもある。人も設備も新規に導入して華々しくスタートしたものの、泣かず飛ばずの状態。しかし、部署をつぶせば、そこに働く社員の仕事がなくなる、それは情として忍びない、また、部署をつぶせば、自分の失敗を公に認めることになる。

社員に対する情と、自分に対する情で身動きがとれないのである。

しかし、リーダーは自責の人であると同時に、非情の人でなければならない。

新商品の失敗に対する責任、新事業の失敗に対する責任、そこに働く社員に対する責任、さらに、失敗を認めることを嫌がり、先送りにしてきたことへの責任、これらは経営者が負うべき責任である。

愛着のある商品を処分することや、部署を減らすことは非情でないとできない。

非情になるためには、まず自分に厳格になって、自分の失敗という結果を認めることから始めなければならない。

非情さも「隗《かい》よりはじめよ」なのである。

まず、自分に対して非情になることが第一歩、そのためには、自分の責任から逃げてはいけない。

リーダーが自責の態度を示してこそ、チームは自責人間の集団となる。

自責人間の集団は、いざというときもあてになる、他人力のある集団である。

「秋霜を以って己を律し　春風を以って人に接す」という。

江戸後期の儒学者、佐藤一斎の言葉である。

Chapter 3-9

信賞必罰《しんしょうひつばつ》を明らかに、公正な評価の意義を孫子に学べ

信賞必罰とは、結果を評価することではあるが、単なる後始末を意味するのではない。チームは、公正な信賞必罰によって強くなるのだ。

つまり、信賞必罰とは、強いチームをつくるための手段なのであり、他人力を高めるための原理原則のひとつなのである。チームが強いということは、他人力の総合力も強いということである。

信賞必罰がチームを強くする例は、『史記列伝』にもある。

兵法書として有名な『孫子』の著者といわれる孫武《そんぶ》は、あるとき呉王《ごおう》から、自分の後宮（王の側室のいる館）の女性180人を、実際に兵として動かしてみせてもらいたいと頼まれた。

孫武は、180人の美女たちを二隊に分け、王の寵愛《ちょうあい》するふたりの愛妾《あいしょう》をそれぞれの長としたうえで「汝らは、自らの胸と左右の手と背を知るか」と問うた。

女性たちが「知っている」と答えると、孫武は「では私が前を見よといったら自分の胸を見よ、左といったら自分の左手を見よ」、続けて右は右手、後ろは背を見よと告げ、命令違反は罰すると告げた。

そうして右手を見るよう命じた。

しかし、後宮の美女たちはこれを余興と思い、笑って従わなかった。孫武は、決めごとが明らかではなく兵が動けないのは将の罪であると詫びて、再び前は胸、左は左手と説明を繰り返した後、再度、右手を見るよう命じた。

それでも、美女たちは反応しない。

孫武は、すでに決め事が明らかであるのに、命令の通りに動かないのは兵の罪であると、長として任命していたふたりの愛妾を斬ろうとした。

呉王は驚いて「将軍がよく兵を用いることはわかった。どうかふたりを斬らないでもらいたい」と孫武に懇願した。

しかし、孫武は、将が軍にあるときは、君命といえどもこれを聞かずということもあると、王の懇願を斥《しりぞ》けた。

その後、呉が強国となっていったのは、孫武の功績が大きかったという。

特別扱いを許してはチームが締まらない。信賞必罰は非情なくらい公正であってこそ、強いチームをつくる手段となり得るのだ。

理念は電流、信賞必罰は電圧

信賞必罰のルールに理念や哲学が通ってこそ、組織は一本筋が通ったものとなる。

磁石と鉄の違いは、原子の違いではない。磁石も鉄の原子の集合体である。

磁石が、ただの鉄でなく磁力を持つのは、原子の構造がひとつの方向に整列しているからである。ベクトルが一致しているのだ。

鉄の原子を一定の方向に整列させるには、強い電圧をかけ電流を流す。

強い電圧がかかった電流が流れることによって、鉄の原子はいっせいに一定方向に向かって整列する。そして磁力を持つのである。

強い電流が流れるほど、磁力は強くなる。

組織やチームにとっては、電圧が信賞必罰であり、電流が、会社の目的であり、理念であり、価値観であり、経営者の示す方向性である。

そうして、チームには成果や業績を引き寄せる磁力が生まれる。

理念という大義があり、名人が出した結果に対する信賞必罰が利いているときに、人は大きな仕事をして大きな結果を出す。そうすることで、組織の活性度は高まるのである。

Chapter 3-10

結果責任はリーダーが負い、実行責任は現場に問え

自分力と他人力では、力の発揮のしどころが違う。会社には、何のために会社はあるのかという目的・理念がある。そして、目的・理念を実現するための目標があり、目標を達成するために戦略があって、戦略を実行するための戦術がある。

経営者・トップリーダーは、理念、目標、戦略の三つからなる方向性を定め、戦略を具体的に落としこんだ戦術を活用して、最後に結果責任を負う。

理念、目標、戦略という方向性の構築と発信は、経営者・トップリーダーが自分力で行うことであるが、これらの策定段階にあっては、他人力を十分活用する必要がある。この段階では十分に人の意見を積極傾聴し、参考にすべき〝人の意見〟という他人力を生かすべきだ。

しかし、最終決定は自分ひとりで行うべきである。人の意見には十分耳を傾けながらも、最終決定は自分一人で行う。私はこれを衆議独裁《しゅうぎどくさい》と称している。

一方、戦術の立案、実行責任は現場の社員にある。ここは他人力の独壇場であり、経営者・トップリーダーは、他人力が存分に発揮されるよう環境を整えるだけである。求められない限り、よけいな介入は一切行わない。

経営者の「自分力でやること」と「他人力でやること」

自分力でやること
（実行者は経営者）

- 理念、目標、戦略という方向性を定める
- 実行責任は、任せるが結果責任を負う

他人力でやること
（実行者は現場の社員）

- 方向性の構築に対する意見、提案を求める
- 戦術の構築、現場展開、進捗管理
  やり方は目一杯任せる
- 実行責任と結果責任を問う

困っている部下を突き放すのも他人力

戦術の実行責任が現場の社員にある以上は、経営者といえども、みだりに現場の戦術立案や進捗の管理に口先介入すれば、越権行為とさえいえる。

何度も繰り返すが、戦術は現場の他人力に目一杯任せるべきだ。

一度任せたら、とことん任せ切るのが経営の原理原則であり、他人力を生かすために必要な覚悟である。

したがって、どんなに部下が困って泣きついてこようとも、それを解決するのが部下の仕事であると突き放す非情さも大事なのだ。

しかし、それでは部下が意欲を失ってしまうのではないかという心配はあろう。

部下の意欲を失わせないためには、「お前を信じて任せている」という部下への信頼感を示すとともに、どういう結果になろうと、「結果責任は自分が負う」と経営者が強い覚悟と姿勢を示すことである。「最後の骨はオレが拾う」ということだ。

無情なだけでは人は動かないことが多いが、内に熱い有情を秘めた非情さは、必ず部下には通じるものである。有情は友情に通じる。

Chapter 3-11

部下のモチベーションを上げる決め手は、タイプ別の処遇にある

「そもそも、平等でないものを平等に扱うことほど不平等なことはない」という2500年前のお釈迦さまの言葉がある。

処遇は公正であるべきだが、平等であるべきではない。仕事の成否には、運不運もあるため、公正な処遇には一面で非情さが伴うこともある。

一方、平等であるべきなのは、チャンスを与えるということである。

しかし、目標を達成した人にも、達成できなかった人にも、同じ処遇が待っているというのではモチベーションが上がらない。

成功した者には、飴やニンジンという褒美、結果を出さなかった者には罪と罰が待っているというのが、他人力のあるリーダーの有情といえる。

人は、能力、経験、実績、意欲によって「人財」「人材」「人在」「人罪」の四つのタイプに分かれる。そして、人は状況によってこの四つのタイプを行ったり来たりする。リーダーは、フォロワー（部下）がどの位置にいるか見極め、適切なチャンスを与えなければならない。

スキルは短期間には上がらないが（次頁図参照）、マインドのうち、意欲は短時間で劇的に変わることがある。いわゆる「人が変わる」とか「一皮剥けた」という現象だ。

ある部下を降格したことについては先述したとおりだが、部下は負担が減ったことで、担当業務の成績は上がり、その結果、意欲は短期間で見違えるほど高まった。

一見、非情な処遇は非常手段として効果的な場合もあるのだ。

降格した当時の部下は、四つのタイプでは「人罪」の位置にあったと思う。

しかし、降格によって意欲が上がった彼は、再び「人材」の位置に戻って来た。

「人材」の位置とはいえ、スキルがないわけではないので、もう少し頑張れば「人財」の位置まで登れる。

彼にはスキルアップのチャンスを与え、「人財」となるよう促した。

リーダーがやることは、ここまでである。あとはフォロワーの自助努力だ。

「人材」から「人財」となれるかどうかは、本人の自責でやるしかない。馬を水場に連れて行くことはできても、水を飲むかどうかは馬の意思なのである。

ジンザイの四タイプ

縦軸：高 ↕ 低　マインド（人間力＝人間性・信用・信頼・人望・意欲）

人材タイプ ・マインドの中でも意欲が飛びぬけて高いフレッシュマンタイプ ・意欲はあってもスキルがないのでよき手本となる上司・先輩の下でスキルアップに励ませる	**人財タイプ** ・スキル、マインドに優れたすぐれ者。経営者・後継者はこのタイプでなければならない ・ストレッチ（少し無理をした）目標にチャレンジさせる ・とことん自分の地頭で考え、答えを見つけたら実行する訓練をさせる ・人財といえども過信、慢心、傲慢に陥れば人在へと落ちる
人罪タイプ ・人間性、人望、意欲ともに低く、スキルにも乏しいタイプ ・配置転換により仕事の内容を変え、適材適所を図る ・ときに降格も必要 ・最悪の場合は退場（退社）してもらう	**人在タイプ** ・技能や経験はあるがマインドが低いマンネリ社員タイプ ・スキルはあるので、誇りや意欲を刺激して啓発することで人財への上昇が可能 ・責任ある仕事を任せる、誇らしいことにチャレンジさせるなどの刺激策が必要

横軸：低 ← スキル → 高
（仕事力＝技能・経験・実績）

Chapter 3-12

どういう人を後継者にするべきか、まずは自分の分身をつくれ

会社は後継者によって、さらに伸びるか、衰退するかが決まる。創業者の築いた基盤の上に、大きく会社を発展させるのが後継者の役割である。

後継者選びに失敗すれば、しばらくは先代の遺徳等で安定を保てるが、時間とともに会社の勢いは衰えていく。後継者の育成は、最も重要な経営課題のひとつである。

後継者育成の原理原則は、若いうちから後継者を育てていくことにある。

四書五経《ししょごきょう》の『礼記《らいき》』の中の「曲礼」に、人の年齢についての記述がある。

20歳は弱冠、30歳は壮、40歳は強、50歳は艾《がい》、60歳は耆《き》、そして100歳を期という。

これらは、年齢ごとの人の様相を表している。人は年齢とともに、このように成長し、変わっていかなければならないということである。

後継者も、年齢や地位に応じて、壮、強、艾、耆と成長し、先代経営者からバトンを受けることが肝心である。後継者の育成には「帝王学」が必要となる。

後継者の育成方法に〝Succession Plan（サクセションプラン＝後継者育成計画）〟というシ

ステムがある。

ＧＥ（ゼネラル・エレクトリック社）の元ＣＥＯジャック・ウエルチが活用し成果をあげたことで、つとに有名になった制度である。

後継者の条件

全世界のＧＥ社員の中から２００人を選抜し、経営者に必要な理念・思想・判断力・行動力・倫理性・他人力・精神力などについて、壮、強、艾と長い年月をかけて教育と現場での実践を通して競わせる。

そうして、２００人の候補は１００人に絞られ、50人、20人、２人と選別され、最後に後継者として残ったのが、ウエルチの後継者ジェフリー・イメルトである。

後継者育成計画での選別は、非情でなければならない。

情を挟むような不明朗な運用をすれば、後継者がかえってハンデを背負うからだ。仮にオーナーの子息を後継者にする場合でも、だれが見ても彼なら当然という結果を出さなければ、リーダーとしての畏敬が得られない。

では、後継者の条件とはどういうものだろうか。

後継者が社長の分身であることは、ひとつの望ましい形である。分身となるには、ナンバー2（第1章55頁）同様、何よりも目的・理念・価値観・バリュー（価値観）の一致が絶対的に必要となる。

技能や個性は違っていてもよい。目的・理念・価値観の共有度が高いことは、後継者選びの第一条件である。

経営者とは、人を通じて結果を出す人である。したがって、本人の持つ仕事力や技能よりも、重要になるのは他人力であり経営力である。

後継者自身が上げた実績よりも、チームを通じたリーダーとしての実績の有無が問われるべきなのである。

また、経営者やその後継者は民主的な意思決定をしてはならない。意思決定は衆議独裁でなければならないのだ。

衆議独裁とは、プロセスでは多くの人の話に耳を傾けるが、最後の決断は自分ひとりの責任で行うということである。

そして、後継者はやがて会社を代表する地位に立つ以上、だれよりも人情があって高潔であることが求められる。

つまり〝Integrity（高潔さ）〟は、後継者の最も基本的な条件でもある。

第4章

Chapter 4

他人力の使い手は自己暗示と他者暗示の達人である

Chapter 4-1

一流のリーダーと二流、三流のリーダーの違い

三流の人は、自分の強み弱みがわかっていない。
二流の人は、自分の強み弱みはわかっているが、それを補う方法を知らない。
一流の人は、自分の強み弱みがわかっていて、弱みを補うチームをつくることができる。

と、ここまでは先に述べたとおりである。
これを他人力との関係で見た場合、次頁の図のようになる。

この図はアメリカの心理学者ジョセフ・ルフトとハリー・インガムが提唱した、通称「ジョハリの窓」と呼ばれる図の応用である。

「ジョハリの窓」とは、対人関係のマトリックスであり、右上が他人も知っていて自分も知っている自分、左上が自分は知っているが他人は知らない自分、右下は自分は気付いていないが、他人は知っている自分、そして左下は自分も他人も知らない未知の自分という構造になっている。

自分がどのタイプに分類されるのか、ぜひ冷静に判断してみてほしい。

リーダーの四タイプ

縦軸：自分は知っている（高↑↓低）

Ⅱ 他人力のない二流のリーダー ・自分の弱みを隠している ・自分の強みだけでチームをリードしようとしている	**Ⅰ 他人力のある一流のリーダー** ・自分の強みと弱みを公開している ・自分の弱みをチームで補うことができる
Ⅳ リーダー失格 ・自分の強み･弱みの自覚がない ・他人から見えるような明確な強みもない	**Ⅲ 他人力もなく人望もない三流のリーダー** ・自分で自分の弱みに気付いていないが、他人は知っている ・自分の弱みを補う術がない

横軸：低 ← 他人は知っている → 高

畏敬されるリーダーは弱みを弱点としない

この図のⅠが、他人力を使うためのリーダーの基本姿勢である。

自分の強み、弱みを自覚し、恐れずに弱みを公開し、チームの力で補う術を持っていることが、他人力のあるリーダー像といえる。

しかし、一般に自分の弱みを公にすることには、ためらいと恐れを覚えるものだ。その結果、Ⅱのように強み弱みは自覚していても、自分の弱みは隠して強みだけを表に公開し、自分の得意分野を発揮することでチームをまとめて率いようとする。

これでは、他人力を十分に活用することはできない。

他人力のないリーダーは、どんな強みがあっても二流のリーダーである。

では、自分の弱みを公開するためらいや恐怖を克服するためには、一体どうすればよいのだろうか。

そのためには、信頼＋尊敬、すなわちフォロワー（部下）から畏敬を持たれるよう人間力を磨き上げる（第3章101頁参照）ことが肝心だ。

フォロワーから畏敬を持たれるリーダーの弱みは、決して弱点とはならない。弱点とならなければ、公開することにためらいもなくなる。

Chapter 4-2

社長は頭で社員は手足という考えの人は、他人力を知らない人

講演で全国を飛び回っていると、ごくたまにだが、「社員は手足、頭はなくてもよい。考えるのは社長がやる。社員は潜在的に社長の考えたとおりに動けばよいのだ」と公言する経営者がいる。

公言はしないまでも、このように考えている経営者は、案外少なくないように見受けられる。少なくとも絶滅危惧種ではないはずだ。

特に中小企業のワンマン型のトップ、さらにいえば創業経営者には、この手の人が往々にして見受けられる。

社長は頭で、社員は手足というヘンリー・フォード一世的な考え方は、人間学を十分に修めていない証である。人間学のない人には、経営力も他人力もない。

なぜなら、経営者もリーダーも、人を通じて結果を出すことが役割であるからだ。チームを通じてとは、自分以外の他人を通じて結果を出さなければならないということである。人を使うのに、人を使う人間力がなくて、どうして結果を出せるだろうか。

次頁の図は、自分力と他人力がチームに及ぼす影響を表したものである。

リーダーが備えるべき
自分力と他人力とチームの関係

他人力（他人《ヒト》の能力の活用・発揮）		
高	**他人力が高く自分力（主に仕事力）は低い** **B** Bタイプのリーダーのチームは、Aに次いで結果を出すことができる。 Bタイプのリーダーは畏敬される存在ではないが、メンバーが弱点をカバーする。	**他人力が高く自分力（主に人間力・経営力・次いで仕事力）も高い** **A** Aタイプのリーダーは最もよい結果を出す強いチームを作ることができる。 また、畏敬される存在である。
低	**自分力も低く他人力も低い** **D** Dタイプのリーダーのチームは脆弱。 リーダーは自分の城に引きこもり、リーダーの役目を果たしていない。 メンバーのやる気も低い。	**自分力（主に仕事力）は高いが他人力は低い** **C** Cタイプのリーダーのチームは、一定の成績は上げるが伸び代がない。 フォロワーに主体性、積極性がなく「やりたい感」に乏しい。

低 ← 自分力（行動力・経営力・人間力） → 高

頭も心もある人を生かせ

自分の頭で考えたとおりに手足が動くのならば、ゴルフはクラブさえよければ、だれでもアンダーパーのスコアを出すことができる。

自分の身体でさえ、思ったとおりに動かないのに、ましてや他人を手足のように動かすなど至難のワザである。

フォロワーも人の子である。人には心もあれば頭もある。

人の心を無視した指示命令では、フォロワーがよろこんで動くはずがない。人がよろこんで動くか、いやいや動くかで、結果には天と地ほどの開きが出ることは、いまさらいうまでもないだろう。

社員は手足だと考える人に、人間力がないということは、この一点を見ただけでも容易にわかるはずだ。

人間力がないばかりではない。会社の業績を上げるチャンスもみすみす逃すという、大きなミスも犯している。社員は手足と考えているうちは、いつまで経ってもチームは、よくてＣのレベルに留まり続ける。それでは勝ち残る会社にはなれない。

Chapter 4-3

自ら「陽気」を放て

私が課長時代のことである。

私を含むチーム全員と、上司である部長との間で、意見が対立したことがあった。

私はチームを代表して、何度か部長と話し合った。しかし、両者の意見は平行線のままで一致点は見出せなかった。

組織である以上、最終的には異見や反論はあれど部長のプランで実行するしかないが、このままではチームのメンバーの気持ちがついて来ない。

そこで私は一計を案じた。

それは、部長のプランが、まるでそれが私の意見だったかのように、積極的に楽しそうに行動することであった。

部長のプランがスタートすると、私はだれよりも早く出社した。雑用を含むすべての業務を嬉々としてこなした。

何をするにも、だれと話すのも、最高の笑顔を見せることを心がけた。

チームのメンバー、すなわち私の部下たちは「新さんは、部長のプランに反対じゃなかったのか。どうしたんだ？」と怪訝そうだった。最も不可思議に思っていたのは、プランの発案者である部長だったろう。

そんなことはお構いなしに、私はだれの目から見ても、積極的、主体的に、かつ陽気で楽しげに仕事に取り組んだ。

ひとりの部下が「あれほど反対だったのに、どうしたんですか？」と私に尋ねた。私は「決まった以上、仕事は楽しくやらないとね。楽しくやるためには、積極的で主体的で陽気じゃないと楽しくならないよ」と答えた。

部下は不得要領な様子だったが、その後、「あんまり新さんが楽しそうにやっているので、自分もなんだかこの仕事が楽しくなってきました」と、正直な気持ちを打ち明けてくれた。

陽気とは陽の気、つまりプラスの気である。プラスの気を部下に送り込むことで、部下の心にもプラスの気が生じた。チーム全体が積極的に部長のプランどおりに取り組んだ結果、このプランは成功を収めることができた。

朝は何があっても機嫌よく

リーダーは、常に陽気（プラスの気）を周囲に発散するべきである。

リーダーが陰気（マイナスの気）を放つようでは、即刻リーダーの座から降りたほうがよい。リーダーの役目は、チーム力を高めて最高のパフォーマンスを発揮させることである。チームのムードが明るくなくては、メンバーは思う存分に活躍することができない。陽気をフォロワーに伝え、チームから陰気を払うこと。これも他人力活用の基本である。

陽気を放つには、笑顔、あいさつ、話しかけ、が基本となる。笑顔とは習慣である。ダメな管理者は、部下に顔色を読まれてしまうが、できる管理者は常にスマイルで部下に陰の表情を読ませない。

無声映画時代のハリウッドの名優、ダグラス・フェアバンクスの言葉に「午前10時までに笑顔を顔にとどめておけば、一日中笑顔を維持できる」というものがある。朝の機嫌は一日を支配するのだ。

あいさつは上司から進んでやるべきだ。話しかけは雑談でもよい。

この三つを怠らずに毎日必ず励行すれば、自ずと陽気は相手に伝わり、ひいては職場の雰囲気は陽転するものである。

リーダーとは、その人が顔を出すと場の雰囲気がパッと明るくなる人である。

反対にリーダーでない人（disleader）は、まわりの人を暗くする暗転の人である。

リーダーは陽転の人でなければならない。

Chapter 4-4

自分の職場を愉快工場につくり変えよ

愉快工場とは、ソニーの創業者、井深大氏の起草したソニーの前身、東京通信工業の設立趣意書の「真面目なる技術者の技能を、最高度に発揮せしむべき自由闊達にして愉快なる理想工場の建設」のことだ。

職場にいる人々を愉快にするのだから、「愉快をつくる工場」と捉えてもよい。

人を愉快にするには、まず自分が愉快でなければならない。不快ではよい仕事はできない。自分が愉快になり、他人も愉快にすることができれば、その職場は必ずいい仕事をする集団となるはずである。

先述したとおり、ジョンソン・エンド・ジョンソンの元CEOジェームズ・バークは、かつて私にこう言った。「ミスターアタラシ、いい仕事をしようと思ったら、すべからくFUN（楽しむ）でなければならない」。

仕事をFUN（楽しむこと）できなければよい仕事などできない。それは、リーダーである私自身はもとより、私のフォロワー（部下）たちも同様である。リーダーは、自分自身も、フォロワーもFUNにする役目があるのだ。FUNも一寸発音を変えると不安になる。

高杉晋作の辞世の句（実は野村望東尼という尼僧との合作）といわれる「おもしろきこともなき世をおもしろく　住みなすものは心なりけり」は、まさに自分自身をFUNにする極意といえよう。

心のスイッチをFUNに入れるとは、前項で紹介した、私が反対していた上司のプランを積極的に楽しそうに実行したのが、まさにそうだ。

つまり、「楽しい」と自己暗示をかけるのである。「人は幻覚により生きている。幻覚が人を支える」という司馬遼太郎の言葉もある。FUNという自己暗示により仕事は本当に楽しくなり、ひいてはよい結果を出せる。

本田宗一郎流FUNの心得

自己暗示をかけるとは、たとえば、だれよりも早く会社に出勤して仕事に取り組む、途中経過や成果を明るく楽しそうに報告するなど、それまでになかった積極的で陽気な態度、行動をとることによって、自分で自分を変心させ変身させるのである。

本田宗一郎氏は自分をFUNにする方法について次のように述べている。

「1日24時間、いかにエンジョイするかが問題なんです。働くことをエンジョイできるか否かは自分次第。自分のアイデアで仕事をしていけば、仕事もエンジョイできる。そういう人間は苦痛もエンジョイできる」

仕事を楽しむためには、仕事を楽しいと思い込むことも方法のひとつだが、方法はそれだけではない。私は、部下に「仕事は自分のためにやれ」とも言っていた。

仲間のため、チームのため、会社のためもよいが、それよりもまずは「自分のため」が最初であるべきだ。

自分のために働くことで、積極性や主体性が生まれる。

「やらされている」という滅私奉公《めっしほうこう》ではなく「やりたくてやっている」という活私奉公《かっしほうこう》の自分をつくることが肝心なのである。

これと同じようにフォロワーがリーダーについて行くのも、「自分がそうしたくて、そうしている」という姿が、健全なフォロワーの姿なのである。

FUN、あるいはエンジョイといってもよいが、仕事を楽しむ自分をつくることは、自分力を発揮する秘訣である。

しかしこれは同時に他人力を発揮する決め手でもある。楽しそうに仕事をするのは、他者暗示にも効果があるからだ。

Chapter 4-5

自分をだまし、人をだまして天井を突き破れ

自惚《うぬぼ》れとは、自分に惚れると書く。

一般的に、自惚れというと、思い上がりという、よくない意味で使われることが多い。しかし、自分に惚れるという意味では、「自惚れもないような者に他人は惚れぬ」という言葉があるように、自分に自信と誇りを持つには自惚れも必要といえる。

肝心なのは、自惚れてはいても、自慢はしないことだ。

自惚れは、周囲に悟られるようではいけないが、自分の内に確固として存在する分には、自分を信じるための大きな力になる。自惚れは自信の原点なのである。

自惚れとは、自己暗示によってつくられる。

自画自賛であるがゆえに、他人の力を借りることができない。

もっぱら自力で自分のことを賛美することになる。

自分はできる、自分は立派なリーダーになれる人間だと自己暗示をかけ続けることで、自分を信じ、自分に惚れることができるのだ。

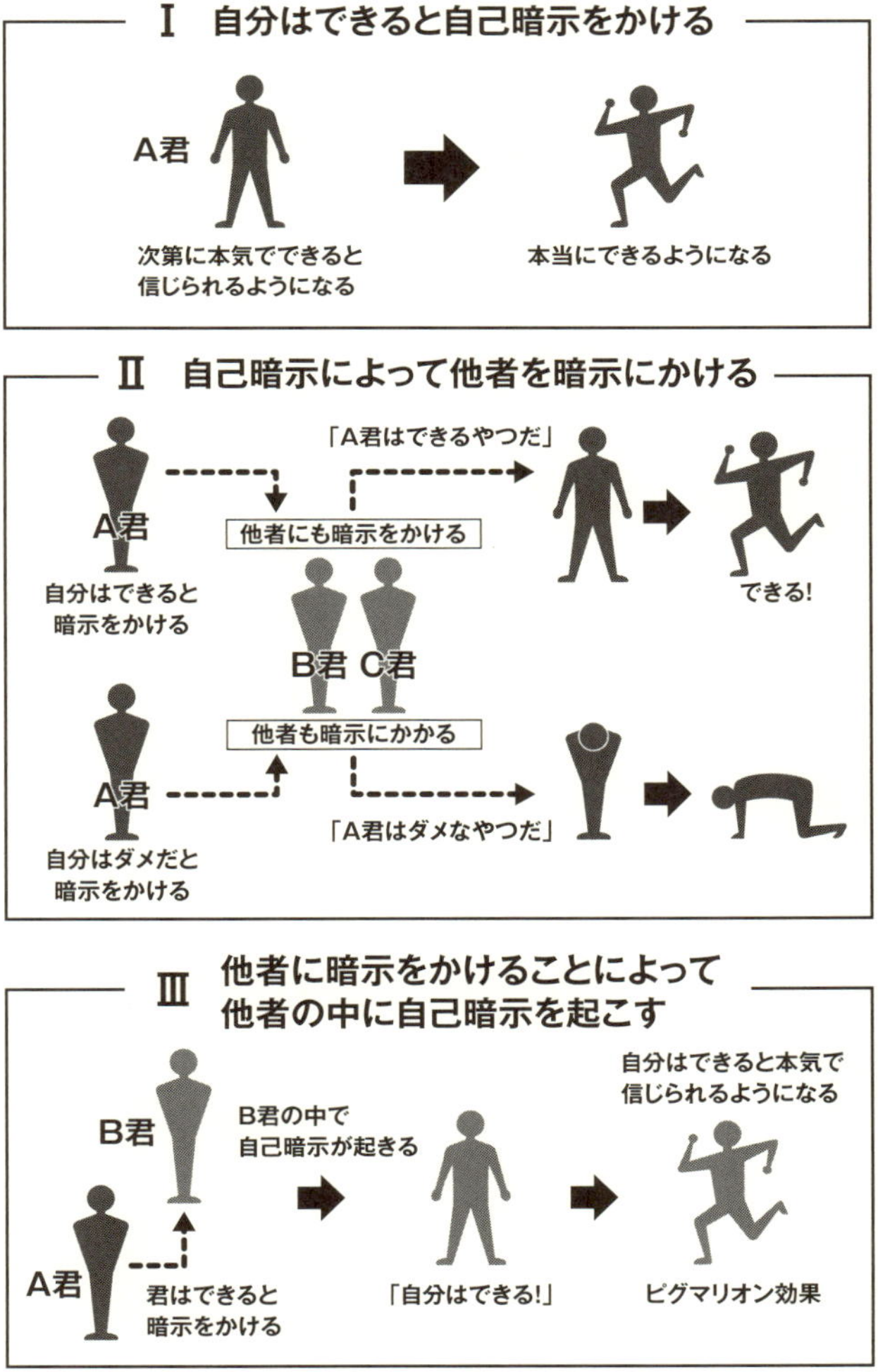
Ⅰ　自分はできると自己暗示をかける
A君
次第に本気でできると
信じられるようになる
本当にできるようになる
Ⅱ　自己暗示によって他者を暗示にかける
A君
自分はできると
暗示をかける
「A君はできるやつだ」
他者にも暗示をかける
できる!
B君　C君
他者も暗示にかかる
A君
自分はダメだと
暗示をかける
「A君はダメなやつだ」
Ⅲ　他者に暗示をかけることによって
他者の中に自己暗示を起こす
B君
A君
君はできると
暗示をかける
B君の中で
自己暗示が起きる
「自分はできる!」
自分はできると本気で
信じられるようになる
ピグマリオン効果

マイフェア・レディをつくれ

人は暗示にかかりやすい。

自己暗示にもかかりやすいが、他人からの暗示にも影響を受けやすいものである。

チームプレーのスポーツでは、ピンチのときに「勝てる！　できる！」と本気で信じているプレーヤーがいると、不思議とチーム全員が「勝てる！」と信じられるようになるという。暗示は人から人へと伝染するのである。

暗示の伝染とは、前々項で述べた、反対だったプランを実行するにあたって、私が「楽しい、やりがいがある」と自己暗示をかけ、実際に楽しそうに仕事をすることで、チームのメンバーをプラスの方向へ巻き込んでいったパターンである。

もうひとつ、映画「マイフェア・レディ」のパターンがある。淑女になるには、淑女のように扱われることによって淑女となる。フォロワー（部下）を一流のビジネスパーソンにしたいと思うならば、「君は一流だ」と他者暗示をかけることである。

これを心理学では「ピグマリオン効果」という。

自分の子どもを立派な人間に育てたいと思ったら、「お前はできる」「お前は能力がある」というインプットを続ける。すると子どもは段々とその気になり、成績もよくなる。これは私の経験でもある。

Chapter 4-6

自信は必須だが、過信・慢心・傲慢は破滅への一本道

「山中の賊を破るは易く心中の賊を破るは難し」（王陽明）

リーダーは自信がなくてはいけない。

いかに他人力を発揮することに長けていても、自信のないリーダーの後に従うフォロワーは一人もいないからだ。しかし、自信は油断するとたちまち、過信・慢心・傲慢となる。心中の賊とは、過信・慢心・傲慢の心である。

過信・慢心・傲慢とは、すべてもとの姿は自信で、その自信が姿を変えたものだ。自信はリーダーにとって大切な必要条件だが、自信が高じれば、やがて過信・慢心・傲慢になる。傲慢の行く手には、破滅という名前の化け物がパックリと口を開けて待ち構えている。これは、退治することが極めて難しい「心中の賊」なのである。

過信・慢心・傲慢がなぜ悪いのかといえば、人はこういう状態になると、他人の話、特に助言、忠告、諫言、苦言に耳を貸さなくなる。自分を恃《たの》む心があまりに強いため、他者の助けなど必要ないと考えるのである。

項羽と劉邦の例をとれば、項羽のようになってしまうのだ。

過信・慢心・傲慢に陥った人は、自ら他人力を放棄しているといえる。

自信は自己暗示からつくられる。

自分はできる、できると自己暗示をかけた結果、自分はできるという自信を持つことになるわけだが、うっかり自己暗示を暴走させると、過信・慢心・傲慢へとエスカレートしてしまうことになる。

苦言、諫言の主を大事にせよ

では、自分はできる、自分は一流のリーダーになれると自己暗示をかけ続けながらも、自信を過信・慢心・傲慢に変わらせないためにはどうすればよいだろうか。

それは、他人の話に耳を傾けることを厳守することである。

英語では〝Active Listening〟であったり、〝Generous Listnening〟と言う。日本語では「積極傾聴」である。

自分に対して苦言、諫言を述べてくる人物は、特別大事にするべきである。そうすることでより多くの人から、より広い範囲の問題点が指摘されることになる。

つまり、どんな状況においてもだれの諫言・苦言であっても積極的に耳を傾けることこそが最も肝心なのだ。

特定の人の意見だけを受け入れることは、ワーストではないが、ベターではない。

苦言、諫言も情報である。情報は、より多くのチャンネルから得るべきである。同じ山河を見ていても、見る角度によって景色は変わって見える。苦言、諫言も人によって意見や主旨は異なるものだ。

こうして、多くの人の話に積極的に耳を傾けることによって、自信が過信・慢心・傲慢へと変わることは制御できる。では、多くの人から苦言、諫言が寄せられることによって、せっかくの自信が失われる心配はないか。もしそういう心配があるなら、こう自己暗示をかけるべきだ。

「苦言、諫言を浴びせられたことで、自分はさらに高められた」

苦言、諫言という他人力のおかげで、また一歩、一流のリーダーへ近づいたのだから、何も自信を失う理由はない。むしろ自信を深めてよい。

本物のリーダーとは、人の声に謙虚に、そして積極的に耳を傾けることのできる人だ。自分のことを最もよく知っているのは自分である。だが反面、自分のことを最も知らないのも自分なのだ。

よって、ときには普段自分が気付いていない辛口のインプットを受け、本当の自分を発見できるように努めることが求められるのだ。

Chapter 4-7

肝心なのは重要感。ノセるほめ方と、やる気にさせる叱り方

リーダーに必要な他人力の中でも、「ほめる、叱る」は大きなウエイトを占める。ほめ方、叱り方のうまいリーダーは、間違いなく他人力のあるリーダーである。

では、部下のやる気を伸ばすほめ方、叱り方とはどのようなものだろうか。

まず叱り方から見ていこう。理想的な叱り方とは、「叱られた者が叱られる前よりもやる気になる」叱り方である。

「然りごもっとも」となるのが、上手な「叱り方」といえる。

叱るということは（無論ほめるということも）、一種の他者暗示だ。

したがって、部下に向かって、お前はダメだ、ダメだと、人格を否定するような叱り方ばかりしていれば、自ずと叱られた者は「自分はダメなやつだ」という暗示にかかってしまう。

これでは、部下を「できないやつ」へと追い込んでいることになる。

もし、部下をレベルダウンさせてしまえば、チームの力まで大きく殺《そ》いでしまうことになりかねない。リーダーにとって、部下を叱るという行為は慎重でなければならない。

ましてや、リーダーのストレス発散のために部下を叱るようなことは言語道断である。

コトを叱って人をほめよ

叱ることで「ダメなやつだ」という他者暗示をかけないためには、「コト」と「人」を分けて叱ることである。

コトを叱って人は叱らない、さらにいえば、叱ることはせず、注意することに専念することが肝心である。

暗示は、人に向かうから暗示になるのであって、いくら注意してもコトが暗示にかかることはない。注意した後に、ひと言、「ここに気を付ければ、君なら必ずできる」と人に再び暗示をかけて、やる気に点火するのが「叱り方上手」だ。

叱るときにはコトを叱る（注意する）が、一方、ほめるときはコトだけでなく、「さすがは君だね」と人をほめて、おおいにプラスの他者暗示をかけるのである。

この暗示は、人の心のどこに向かうのだろうか。それは「自己重要感」である。

人はだれでも、自分のことを大切で重要な存在だと思っている。人が進んで自己啓発をしたり、少しでも向上しようと努力するのは、心の中に自己重要感があるからだ。

したがって、「お前はダメだ」と自己重要感を否定するようなマイナスの言葉は、著しく意欲を損なうし、一方、自己重要感をプラス方向に刺激することは、意欲を押し上げる強い動機づけとなる。

アメリカの心理学者ローゼンタール博士が説く「ピグマリオン効果」がこれに相当する。

人は、ほめられるとやる気が高まるものだ。

叱るときは、相手の自己重要感を傷つけないように、ほめるときには、自己重要感を大いに高揚させるように、これがほめ方、叱り方の心得である。

しかし、相手の自己重要感を高める前に必要な基本動作がある。

それは、まず相手を仲間と認める行為、すなわちあいさつである。

あいさつという相手の承認欲求に応える段階なしに、自己重要感を高めることはできない。

望ましい順にあげると、第一が「ほめる」、第二が「注意する」、第三が「叱る」、次に「怒る」が続き、最後に「ののしる」がくる。

「注意する」にはネガティブな感情が入っていない。素直に受け入れやすい。

次の「叱る」は根底に〝同じ失敗を繰り返してほしくない〟〝この人にもっと育ってほしい〟という愛情がある。

「怒る」の基本は感情だ。自分の感情をコントロールできない人は、人を育てることはできない。

「ののしる」ともなると言語道断。

さて、あなたはどのタイプだろうか？

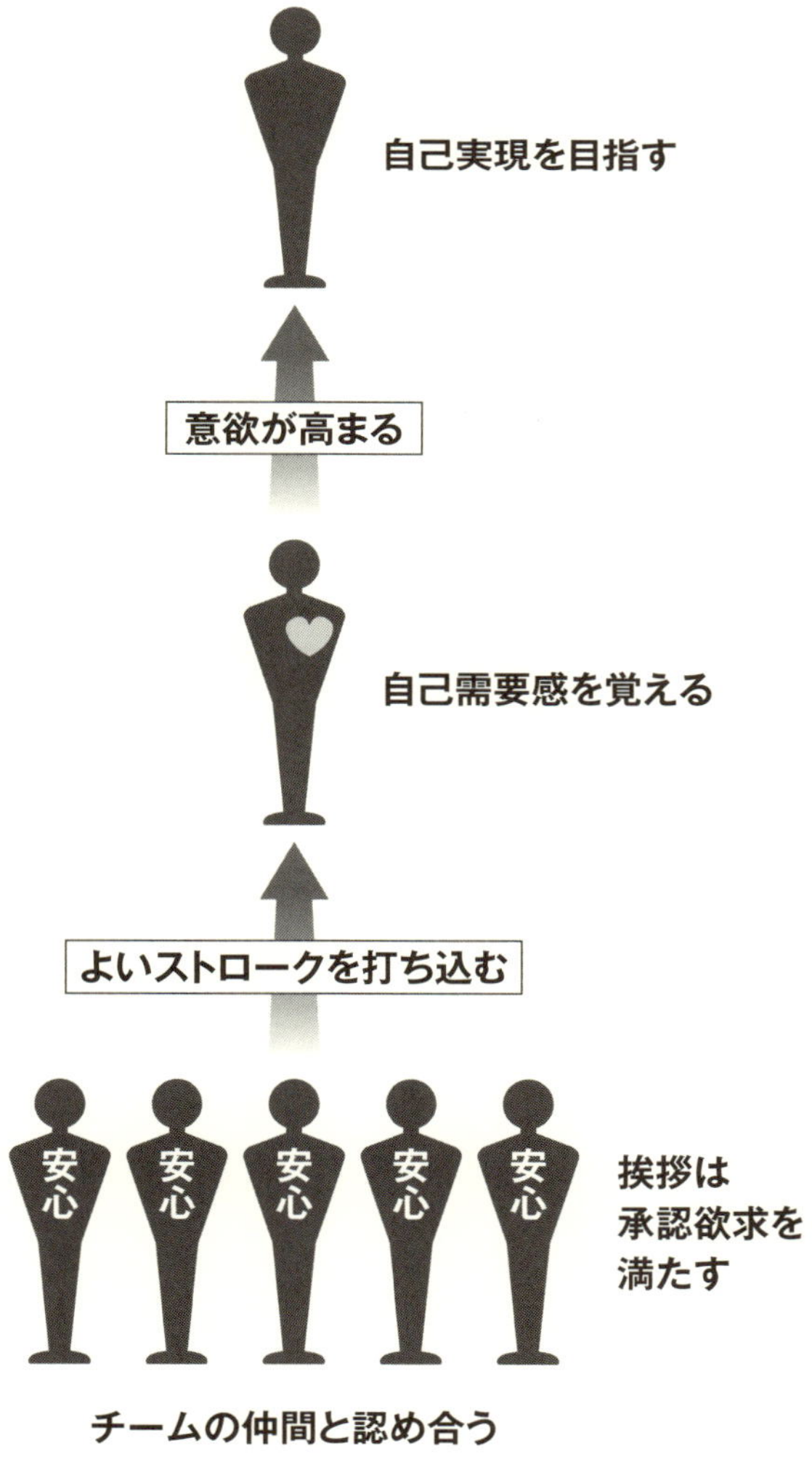
自己実現を目指す
意欲が高まる
自己需要感を覚える
よいストロークを打ち込む
安心
安心
安心
安心
安心
挨拶は
承認欲求を
満たす
チームの仲間と認め合う

Chapter 4-8

「相談される力」を身に付けよ

他人力のあるリーダーは、フォロワー（部下）からよく相談される人でもある。

人から相談される人は、それだけ周囲から信頼され、尊敬されている人ということになるが、リーダーにとっては、フォロワーから積極的に相談されることで、さらに次の三つのチャンスが与えられる。

①相談に来るフォロワーを育成するチャンス
すでに何度か述べたが、フォロワーを育成するとは、相談者に解答を与えることではない。自分で調べ、自分で考え、判断するためのヒントを与えて、自ら答えに気付かせるのである。いうなれば「教えない」教育法といえる。

②バッドニュースが早く集まるチャンス
相談される力のある人のところには、たくさんの情報が集まる。なかでも重要なのはバッドニュースだ。バッドニュースによって問題の実態がわかる。

また、バッドニュースは早いほどよい。ネガティブな情報の入手が遅くなると対策が後手に回ってしまい、下手をすると致命傷となりかねないからだ。

「成功の衆に出ずる所以の者は先知なり（周囲よりも成功している人は、一番先に情報を得ているからだ）」（『孫子』）と言う。また、孫子は情報とは「人に取りて敵の情を知る者なり（人から得る情報が真の情報だ）」ともいっている。

③意見や異見、提案を聴くチャンス

相談される力のある人のところには、フォロワーからの「自分はこう思うがどうか？」という意見や異見、それに「こうしたいがどうか」という提案も入ってくる。場合によっては、②で存在がわかった問題は、③で解決の途《みち》が拓《ひら》けることもある。

相談される力の条件

では、相談される力のある人とは、どういう人だろうか。
私は、次の三つが大事だと思っている。

①学ぶべきものを持っている人
②精神的に身近に感じられる人
③理屈ぬきで尊敬の気持ちが持てる人（相談した結果が、もしうまくいかなくても尊敬心は

変わらないという強い尊敬の念である）

この人のところへ行けば、何かヒントになるものが学べる、この人には何でも相談できる、この人なら自分の話を聴いてくれる、この人の言うことなら、結果はどうあれ、素直に従える、という人が相談力のある人といえるだろう。

このようにフォロワーから、よき相談相手と認められるには、何が必要だろうか。

まずは、フォロワーからの相談を軽んじない日頃の態度が大事となる。

相談者が来た瞬間は忙しくても、「いまは取り込んでいるが、1時間後なら時間が取れる」、あるいは「何曜日の何時なら、君のために時間を空けられるが、どうか」と、具体的な日時の代替案を示すことである。

そうすれば、相談者は、自分が優先順位の上位にランクされていると理解し、リーダーをよき相談相手と認める。

信頼と尊敬とは、小さな約束を守ることを積み重ねていった結果なのだ。

こういう日常的に、相談される習慣をつけることで、相談力を磨くのである。

Chapter 4-9

コミュニケーションの要諦を知っておけ

自己暗示は、自分自身に向かって強く念じることで効果を発揮する。

一方、他者に暗示をかけるには、暗示が相手の心の中の「自己重要感」に届かなければ効果がない。相手の心にこちらのメッセージを届かせるには、コミュニケーションの要諦を押さえておくことが必要である。


言っても相手の心に届かなければ、言わないのと同じだ。

「知りて行わざるはこれ未だ知らざるなり」（王陽明）という。わかっていても実行しないのは知らないのと同じであり、本人は言ったつもりでも、その言葉が相手に届かなければ、コミュニケーションは不成立となる。

他者暗示のためには、まず何よりも相手にこちらのメッセージが届くことが肝心だ。

では、他者暗示を相手の心の中の「自己重要感」まで届かせるには、どうすればよいだろうか。

他者暗示の効果は、次の方程式で表すことができる。

他者暗示効果＝コミュニケーション技術×頻度×タイミング×人間力×理念・信念

コミュニケーション技術は、次頁の「コミュニケーション10カ条」を参考にしてほしい。頻度（繰り返し）が大事なのは、人は忘れる動物だからである。「コミュニケーションとは繰り返しである（Communication is repetition.）」という。

人は聞いたことを20分後には42％を忘れ、1日後には74％忘れる（エビングハウス「忘却曲線」）。だから繰り返しの頻度が重要なのだ。

また、人には暗示にかかりやすいタイミングがある。

たとえば、部下が小さな成功を収めたとき、「やはり君はできるね、次もきっとうまくいくよ」と暗示をかければ、何も起きていない状況で暗示をかけるよりも効果が高い。タイミングとは、他者暗示のチャンスということである。

人間力とは「あの人がそう言うなら」という他人力でもある。他者暗示では、尊敬と信頼に加え、情熱も大きな力を発揮する。

コミュニケーション10カ条

第１条　コミュニケーションはまず「聴く」ことから始めよ

第２条　コミュニケーションで重要なのは「自分が相手に何を言ったか」ではなく「実際に相手に何が伝わったのか」であると心得よ

第３条　コミュニケーションでは相手の目を見て大きめの声でゆっくりめに話し、相手と波長を合わせることを心がけよ

第４条　話の順序は、相手によっては起承転結の「結」から話せ

第５条　コミュニケーションは時間をつくって行う仕事上の課題である

第６条　真のコミュニケーションはフェイス・トゥ・フェイスでなければならない
Ｅメールは簡単な情報の伝達手段にすぎない

第７条　悪い話（Bad News）ほど速やかに報告せよ

第８条　みんなのため仕事のためによかれと思ったことは、立場を越えてどしどし発言（Speak Out）すべし

第９条　「Agree to Disagree」異見も意見として認めよ

第10条　「飲みニケーション」は「Nice to Do」であっても「Must Do」であってはならない。真のコミュニケーションが行われる本来の場所は職場である

Chapter 4-10

理念の力を信じ、よいストロークを打ち込め

フォロワー（部下）の意欲を上げ、能力を発揮させるのが、リーダーが行う他者暗示の目的である。

他者暗示が有効なのは、だれでも心の中に「自己重要感」を持っているからだ。人には、尊敬されたい、誰かの役に立ちたいという自尊欲求がある。この自尊欲求にフタをしている不安を「君はできる」という他者暗示で取り除くことで、人は「自己重要感」を思い切り表に出すことができる。

もし、他者暗示を「自分の思うとおりにコントロールしよう」という、邪《よこしま》な心で使おうとすれば、残念ながらそれはほぼ失敗に終わる。他者暗示が効果をもたらすのは、それが正しい理念・信念に基づいているからだ。

邪念、邪心では理念・信念とはなり得ない。だから邪な心では人は動かせないのだ。

また、リーダーからフォロワーへの他者暗示が空々《そらぞら》しいものでは、やはり他者暗示は成功しない。言葉に魂がこもっていないからだ。言葉に魂をこめるのも理念・信念の力である。理念・信念と他者暗示の関係を図で表すと次のようになる。

原理原則に基づいた理念・信念には
強い暗示力がある

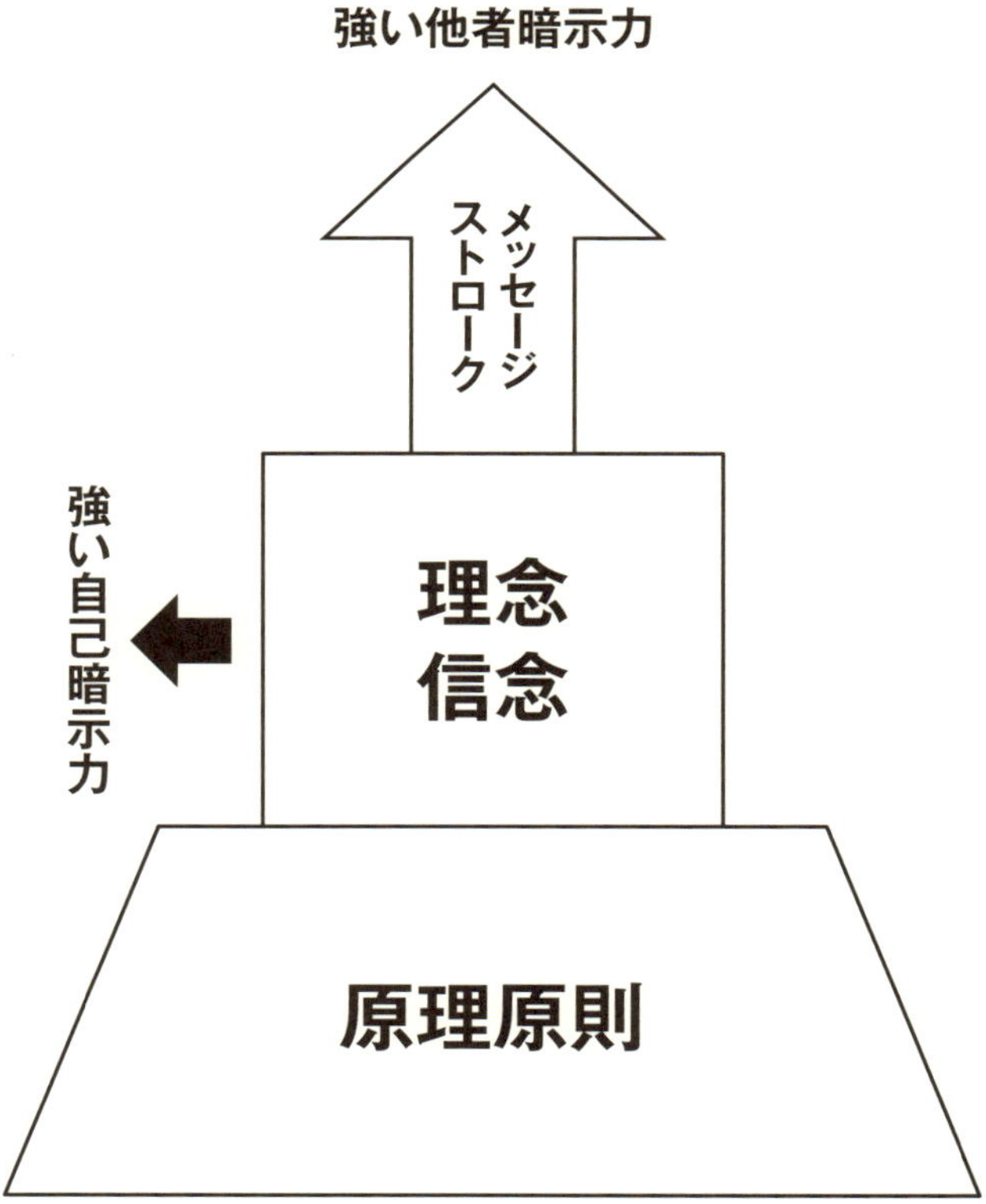

原理原則は、理念の根拠であり、信念の拠りどころである。

ここでいう原理原則とは、人は正しく育てることで伸びるということだ。この原理原則に基づく理念・信念があってこそ、「自分はできる」という自己暗示はより強いものになり、「君はできる」という他者暗示にも魂がこもる。

邪念・邪心が理念・信念になり得ないというのは、性善説からそう言うのではない。邪念・邪心が原理原則に反しているからである。他者暗示（同様に自己暗示）といえども、原理原則に反するようなことは、人は心から信じることができないものだ。

ストロークという言葉がある。これは心理学の用語で「人からの関与、刺激」という意味であり、人の存在を認める行為である。あいさつは、代表的なストロークといえるが、ストロークは必ずしも言葉とは限らない。態度や表情などの非言語コミュニケーションや、握手など肉体的な接触もストロークである。

臨床心理学では、人は常に他者からのストロークを求めているとされている。たとえばフォロワーが持っているストローク欲求に応えるとき、他者暗示を乗せてストロークを送ることができれば、より効果的となる。

ストロークを送るときに肝心なことは、それがプラスのストロークであることだ。よいストロークはよいフォロワーをつくるが、悪いストロークは部下の動機を引き下げる。

Chapter 4-11

陽転思考を伝播《でんぱ》させよ

ピンチのときにチャンスを見出せる人は不敗である。

陽転思考とは、何ごとも肯定的に捉える考え方のことだ。いつでも、どんな場合でも、とことんポジティブな人が陽転思考の人である。

「四面楚歌」で有名な項羽が、もし、陽転思考の人であったなら、四方を自分の故郷である楚《そ》の国の兵に囲まれたとき、「ああ、故郷の人さえ敵に回ってしまった。もうだめだ」と絶望せずに、「囲んでいるのは楚の国の兵だ。同郷の者同士、交渉次第では、味方に寝返らせることができる」と考えたかもしれない。

陽転思考は、リーダーに求められる条件のひとつである。なにより陽転思考の人は明るく魅力的だ。したがって、人が慕い寄って来る。リーダーとは、人がまわりに集まる人である。そして、リーダーが陽転思考であれば、フォロワーの思考も必ずそれに倣う。

では、どうすれば陽転思考の人になることができるのか。それにはやはり自己暗示が実は効果的である。

「人の一生は幻覚こそ生き甲斐である。人は幻覚で生きている」（司馬遼太郎）という言葉もある。

天性の陽転思考の持ち主というのは、めったにいないものだ。だが、どんなピンチでも、必ずそこにはチャンスもあると信じる意思の強さこそが、陽転思考という好ましい意味での幻覚を生むのである。

陽転思考でピンチをチャンスに

何十年か前の話になるが、地方の名門企業でS社という中堅の商社があった。経営者はKさんといった。創業から7代目の経営者である。

S社は、老舗でその地方を代表する名門企業だった。しかし、残念ながら業績は、ここ数年伸び悩んでいた。

歴史ある会社であるがゆえに、社員には名門意識が染み込んでいて、近代化や合理化に乗り遅れていたのである。

名門意識やプライドの高さが、誇りや自信であるうちはよいが、過信や傲慢になってしまうと始末が悪い。

そうした低迷状態が続くうち、会社は決定的なピンチに立つことになる。他県で急成長していたライバル社が、S社の地元に進出したのである。

売上は急速に奪われていった。このままでは存続の危機とだれもが思った。

しかし、Kさんだけは、この危機をチャンスと捉えていた。危機が顕在化したいまなら、思い切った組織改革と業務改革ができると思ったからだ。改革ができればS社はライバルになど負けない、そう信じていた。

非常のときだからこそ、非情の措置がとれる。ピンチはチャンスなのだ。

Kさんは、このとき肥大化した間接部門や商品管理など、直接、売上・利益に結びつかない部署の人員を、営業と配送に移す措置をとった。間接部門で残したのは、給与担当と数人だけである。

当然、社員は不安がった。しかし、Kさんは勝利を疑わなかった。

不安を口にしていた者、畑違いの仕事に泣きごとを言っていた者も、明るいKさんを見て次第に希望を覚えはじめた。

陽転思考がうつったのだ。

S社の課題であった肥大化した組織と生産性の悪い業務は、Kさんの荒療治によって一変した。結果、S社は危機から見事に立ち直ることができたのだ。

Kさんの目論見どおり、その後、S社は改めてスリム化した組織と業務システムを確立し、復活したのである。

陽転思考は、まずリーダーから実践し、フォロワーに伝えていく思考法である。

Chapter 4-12

徳のある人は得をする人である

日本語にあって英語にない発想と表現のひとつに、「損して得とれ」がある。「損して得とれ」に近い表現は、「ギブ・アンド・テイク」であろう。ギブに相当するのは徳であり、テイクに当たるのが得といえる。すなわち「徳と得」である。

なぜなら徳という漢字には、本性を磨き上げた品性の高い人格という意味のほかに、恩恵を与えるという意味もあるからだ。したがって、ギブ・アンド・テイクは、さらには「ギブ・アンド・ギブン（与えられる）」とも言い換えられる。

徳と得の関係は、次頁の図のように左右対称である。

得を利息とするならば、徳は利息を生む投資である。徳が部下にチャンスを与えることであれば、得は畏敬と成果となり返ってくる。徳が相手の自己重要感を満足させることであれば、尊敬と信頼が得となる。

与える徳が多ければ、余った徳は、余徳・陰徳として積み上げられ、得の側には人望が積み上げられる。

投資と同様、徳（ギブ）なしに得（ギブン）はない。常に徳が[illegible]する。

徳が高ければ他者暗示の効果も高い

「君主の徳は風であり、民の徳は草である」（『論語』）。

リーダーが風を吹かせれば、フォロワーはその風の吹く方向になびく。風はリーダーシップでもあるが、他者暗示と捉えても同じことがいえる。

では有徳のリーダーとはどんな人か。それは与えることのできる人である。与えるためには、自分に余裕がなければならない。他人に恩恵を施す、他人を利するには、まず自分自身が「豊か」であることが条件だ。

では、「豊か」になるために必要なものは何か。それは学ぶことである。

学ぶとは、本に学び、人に学び、経験に学ぶことだ。学ぶことにも自己暗示が効果を発揮する。たとえば、学ぶことは楽しいと自己暗示をかける。あるいは、学ぶことによって成功した自分というものをイメージし、それを強く信じることなどである。

徳（ギブ）と得（ギブン）

徳（ギブ）	得（ギブン）
投資する	利息が入る
チャンスを与える	余徳を受ける
自己重要感を与える	信頼と尊敬を得る
余徳を積み立てる	人望を得る

第5章

Chapter 5

他人から学ぶことも他人力を生かす手段である

Chapter 5-1

本という他人から学べ、ブックメンターを持て

徳という言葉や、徳を高めるという表現は、なじみが薄くなりつつある。「徳を高める」を私風に言えば、人間力を磨くということである。人間力を磨くには、よき手本となる人を見つけ、その人の行動や考え方を学ぶことが望ましい。

ダイヤモンドはダイヤモンドによって磨かれ、人は人により磨かれるのだ。

学ぶという言葉は、真似（まね）ぶから来ているといわれる。

よき師匠の傍らにいて、その動作や行動、考え方を真似ることが、学ぶことの原点である。人真似と軽んじてはいけない。現代風にいえば、成功モデルに学ぶということだ。成功モデルを真似て、自社に取り入れることはひとつの経営手法である。いわゆる「ベンチマーキング」がそれである。

しかし、肝心なのは外見を真似るだけではなく、その魂を学んだうえで真似ることだ。成功モデルを自社に取り込んで、成功するか否かの分岐点もそこにある。

人の真似であっても、まず形から入って、遂には魂を学んでいれば、もはや単なる人真似ではない。いわば師匠から弟子へ伝える技と魂の伝承である。

免許皆伝とはこの域のことだ。

真似るべき手本となる師匠を持つことができれば、その人の人生は輝きを増してくる。

人生の師というべき人のことをメンターという。

メンターはよき手本でもある。欧米では「3人のメンターがいれば人生はばら色になる」といわれている。

組織心理学者のシャインは「人間がキャリアを形成するプロセスにおいてメンターを探し、関係を強化する重要性」を説いている。

メンターに助けられる人を「メンティ」と呼ぶ。「プロテジィ」と言うこともある。

メンターがいれば、その言動を真似、考え方を真似、その背後にある魂を学ぶことで、人間力を磨き、高めることができる。メンターは非常に大きな他人力なのである。

ブックメンターに人間力を学べ

では、残念ながら未だにメンターに巡り会えていない場合はどうすればよいか。

日本語では座右の書ともいうが、人生の糧となり、進むべき道を教え、導いてくれる本を私はブックメンターと称している。

人は人から学ぶこともできれば、本から学ぶこともできる。

まだメンターに出会えていなければ、本という他人力をメンターとし、ブックメンターから大いに学ぶべきである。ブックメンターは、知識を与えてくれるだけでなく、ときに自己重要感を満たしてくれる。自分では気付かなかった、内に秘めた誇りや使命感を気付かせてくれる。また、自分の中に、理念、信条、価値観を醸成する手助けもしてくれる。

私自身、ブックメンターに学んだ体験がある。

シェル石油から、日本コカ・コーラへ部長として移ったとき、古参の部下たちは、新参の部長になかなか心を開かなかった。この段階では、私の部下たちは、部下ではあってもフォロワーではなかったのだ。

私は人間力を磨くために、まず本を読んだ。最初にデール・カーネギーの本を何冊か読んだ。次に中国の古典や歴史上の人物の伝記、安岡正篤氏の著作の中の何冊かに目を通した。目を使いながら心で読んだのである。

読書によって知識や知見が増すごとに、私は人の話に耳を傾けるようになり、力みや硬さが少しずつ消えていった。

そうして、部下の気持ちを理解するようになるにつれ、部下たちも私に心を開くようになった。ブックメンターも、また、大きな他人力なのである。

人というメンターと本というメンターも大切だが、最大のメンターは経験というメンターである。経験から学ぶという基本を忘れてはならない。

Chapter 5-2

一日一度は活字のメシを食え

知識の低さは、見識の低さであり、意識の低さだという。

学ばないリーダーはリーダーの資格がない。学ぶために本がある。

本の中でも、ブックメンターといえる、いわば座右の書に出会うのは、人生の師であるメンターに巡り会うよりはチャンスが多いとはいえ、簡単なことではない。

たくさんの本の中には、自分にとって必ずブックメンターといえる本が存在するが、どれがブックメンターなのかどうかは、読んでみなければわからない。だから、できるだけ多くの本を読むことが大切なのである。

名経営者は、例外なく幅広い分野の本を読み込んでいる。

知識、見識は学歴とはあまり関係がない。知識、見識に大きく影響するのは読書量と経験量と学習量である。だから、一日に一度は活字に触れる習慣をつけることが大切なのだ。中国ではインテリのことを読書人という。ひと口に知識、見識というが、それぞれ意味が異なる。陽明学者の安岡正篤氏は、知識、見識に胆識を加え、三識といっている。リーダーに必要なのはこの三識である（次頁図参照）。

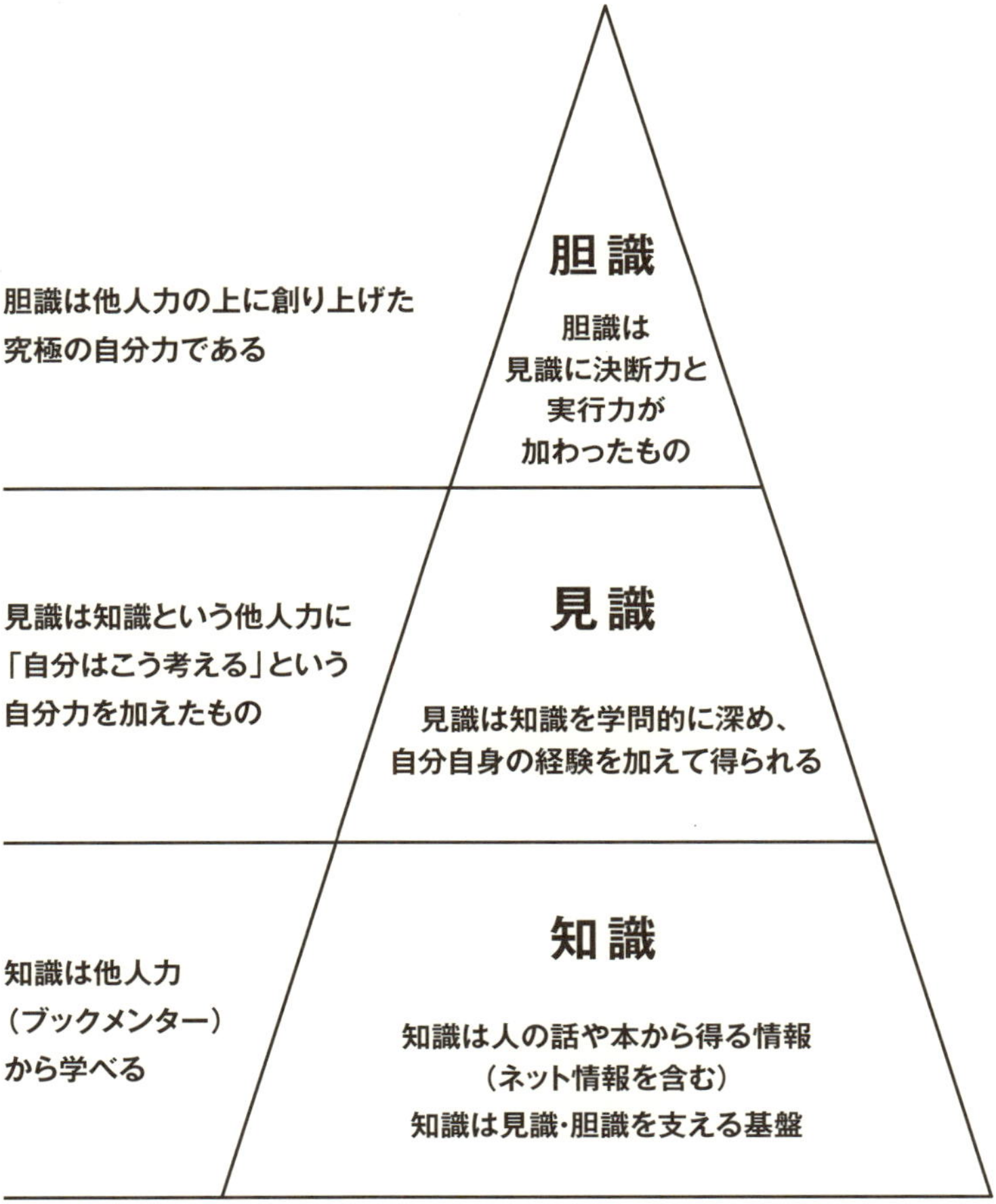
胆識
胆識は
見識に決断力と
実行力が
加わったもの
胆識は他人力の上に創り上げた
究極の自分力である
見識
見識は知識を学問的に深め、
自分自身の経験を加えて得られる
見識は知識という他人力に
「自分はこう考える」という
自分力を加えたもの
知識
知識は人の話や本から得る情報
（ネット情報を含む）
知識は見識･胆識を支える基盤
知識は他人力
（ブックメンター）
から学べる

ひとつの見識を得るには10の知識が要る

安岡正篤氏は、三識の中でも、胆識が最も重要だと言っている。知識が知識だけのままでは、確かにあまり実効性がない。単なる物識《ものし》りで終わってしまう。

しかし、基礎知識という基盤がなければ、知識が見識に昇華することなく、ましてや胆識となることもあり得ないのだ。

すそ野の広い知識は、胆識の基盤なのである。

氷山は水面上に出ている部分は、全体の一割に満たない。90％以上は水中にあるという。知識は、水中の氷塊であり、見識や胆識が水面上の氷山である。

見識、胆識に優れた人となるためには、その10倍に及ぶ知識が必要なのだ。水中の氷塊（知識）が大きければ大きいほど、水面上の氷山（見識、胆識）は高くそびえることとなる。

知識は他の人、または本という他人から得るものだ。

より多くの人や本から知識を得られる人は他人力のある人だといえる。

Chapter 5-3

知識という他人力を我がものにするのは経験と行動の力

前項で、見識や胆識の高さは、それを支える基盤である知識の量で決まると述べた。

しかし、リーダーの立場にある者としては、知識のレベルにとどまっているだけでは、人間としていかにも薄っぺらである。知識を見識、胆識と昇華させなければならない。知識のある人と認められることより、知識に自分の考え（ＰＯＶ＝Point Of View）を加えた、見識のある人と認められるほうが、格が一段上なのである。

では、知識を見識、胆識へ高めるには何が必要なのだろうか。

知識は経験という自分力と、学問的体系という他人力によってスクリーニングされる。不要な知識は振るい落とされ、正しい知識が経験と学問的体系という裏づけを得たときに見識が生まれる。見識は、実際に行動に移されることによって磨かれ胆識という自分力になる。

単なる知識人はただの物識りにすぎない。さしずめ、落語に登場する横丁のご隠居さんである。見識者は評論家、コメンテーターにとどまる。評論家とは、他人をあげつらうだけで結果責任のない人である。経営者、リーダーには何にも増して結果責任が求められる。したがって、経営者、リーダーは胆識者でなければならない。

知識から胆識への流れ

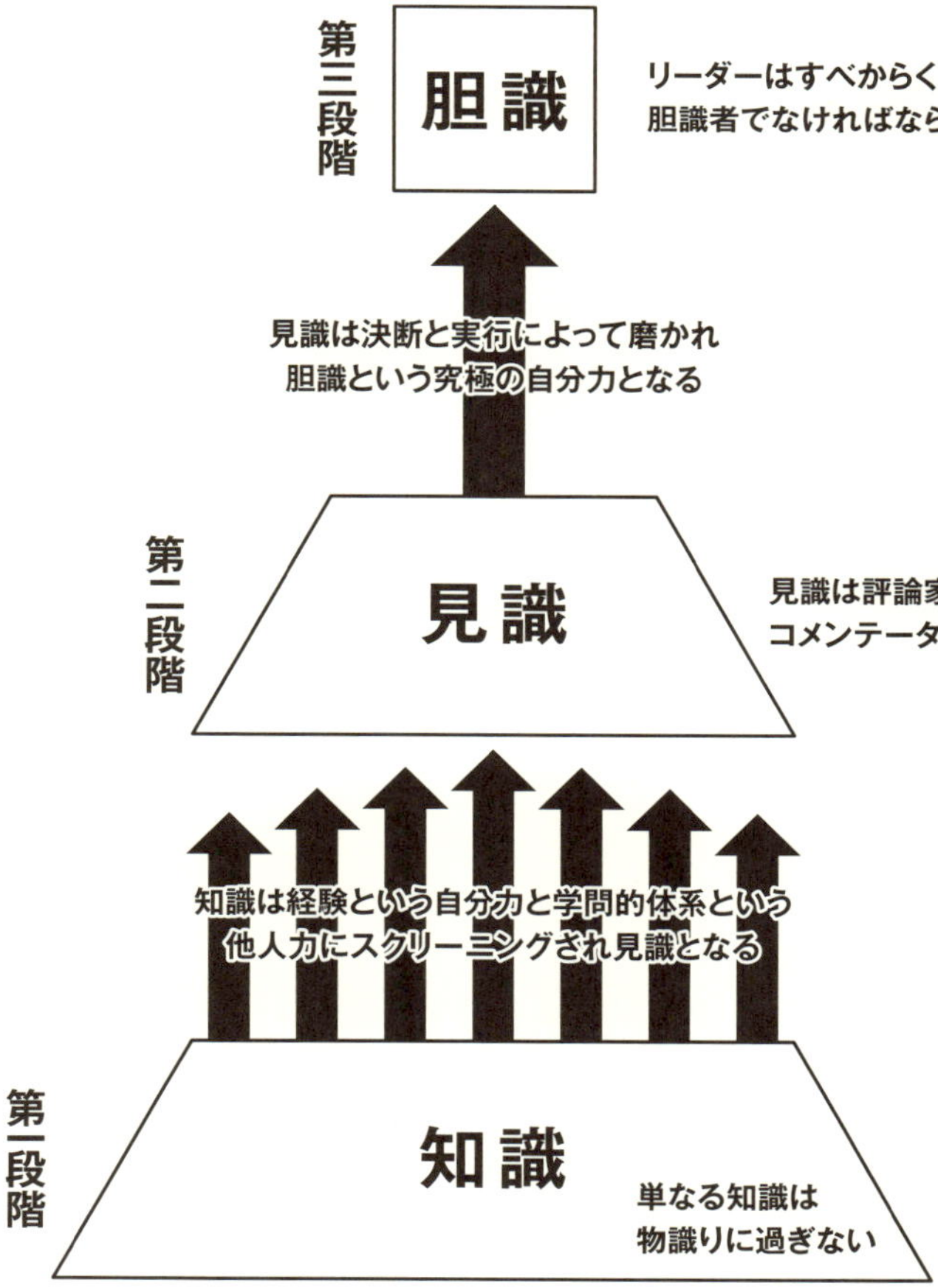
第三段階
胆識
リーダーはすべからく
胆識者でなければならない
見識は決断と実行によって磨かれ
胆識という究極の自分力となる
第二段階
見識
見識は評論家、批評家
コメンテーターどまり
知識は経験という自分力と学問的体系という
他人力にスクリーニングされ見識となる
第一段階
知識
単なる知識は
物識りに過ぎない

分野にこだわらず出合いをつくれ

前図のように、知識の広さを人間力に結びつけるには、もう二段階が必要となる。だが、誤解のないよう、もう一度繰り返す。見識や胆識を高めるためには、知識の裾野を広めることが重要であるということを忘れてはならない。見識、胆識という高層ビルは、知識という地盤の上にしか建たないのである。しっかりとした地盤がないと、いわゆる砂上の楼閣《ろうかく》に終わってしまう。

知識を広める心得として、自分の専門分野ばかりでなく、専門外の分野にも関心を払ったほうがよい。新しい発見や発明というのは、往々にして畑違いのところから得られるものだ。大きな刺激や変化は「多様性」という畑から生まれるものだ。畑違いの人や本、あるいは現場からも学ぶべきものはある。

ヘンリー・フォードが流れ作業で自動車を組み立てる「フォードシステム」を思いついたのは、食肉加工場の作業を見ていたときである。トヨタの元副社長、大野耐一氏は、視察先のアメリカでスーパーマーケットの売り場を見て、あのトヨタ生産方式を考案したという。分野の異なる他人の力も大いに活用すべきなのである。

同業及び異業種の企業のよいところを見つけ、自社に取り入れ、さらに磨きをかける作業が「ベンチマーキング」である。他人力に優れた人とは、ベンチマーキングのできる人である。

Chapter 5-4

メンターという最大の他人力を持て

近年、上場企業では社外取締役が重視されるようになった。私自身、数社の社外取締役を務めている。

その社外取締役について、日立製作所をV字回復させた功労者である川村隆元会長は、斜め上の存在、あるいはカメラの目だといっている。

プロパーから昇格してきた取締役は、真上から会社の組織を見ているが、社外取締役は斜め上から会社を眺めることができる存在だ。

また、自分自身では見ることができない自分の姿も、カメラで写せば挙動の一つひとつを見ることができる。

いずれも、客観的かつ冷静に、第三者の目で会社を見てくれる存在という意味だ。

プロパーから上がってきた取締役は、企業文化を共有している。そのため、価値観の共有度も高い。課題に対する反応も自ずと似てくる。

同じ企業文化を持つ者同士の間では、当たり前のこと、仕方のないこととされてしまうことでも、異なった企業文化を持ち、知識、見識、胆識を備えた社外取締役から見れば、その判断が不合理と映ることもある。「我が社の常識は世間の非常識」ということになりかねない。

あるいは、プロパー取締役からは出てこない発想で解決の方向を示すこともできる。もし方向はムリだとしても、ヒントを示すことができる。

社外取締役といえども、取締役である以上、経営上の責任も使命もある。会社と社員のことを考えて、発言、行動することが義務だ。

社長を筆頭とした取締役が「してはいけないこと」と「しなければならないこと」に対するガバナンスを局外者の立場から効かせなければ、責任を果たしたことにはならない。

社外取締役という第三者の存在は、会社にとっての他人力活用の一例といえる。

メンターとアドバイザーは違う

メンターという言葉は、本書の中ですでに何度も使ってきているが、ここで改めて説明しておこう。

近年になって、よく使われるようになったこのメンターという言葉だが、もともとはギリシャのホメロスの叙事詩《じょじし》「オデッセイア」の登場人物「メントール」に由来する。

メントールは、オデッセウス王の信頼篤い親友であり、王の息子テレマコスの教育を託された賢者である。

メントールはテレマコスにとって、よき指導者であるとともに、よき理解者であり、よき支援者であった。

ここからメンターは、「人を導く人」という意味で使われるようになるが、本来の意味は指導者であり、理解者であり、支援者である。

単なるアドバイザーでもなければ、シンパやサポーターといったような距離を置いた関係でもない。

メンターとアドバイザーでは、立ち位置が違う。

寄り添って立っているのがメンターである。

したがって、私はメンターのことを「人生の師」と呼んでいる。

では、メンターの条件とはなんだろうか。メンターの条件は、①学ぶべきものを持っている人、②精神的に身近に感じられる人、③人格的に尊敬の気持ちが持てる人である。

さらにメンターの条件には、以上の三つに次の二つ、「コミュニケーションをとりやすい関係、および環境にある人。面談時間をとってくれる人」、「精神的な面で師匠と弟子の結びつきを求めることができる人」が加わる。

Chapter 5-5

メンターの全人格から知識・見識・胆識を学べ

「メンターが3人いればその人の人生はバラ色である」という言葉があるように、メンターは大切な存在である。もしメンターが上司、部下、親しい友人であったなら、その人たちの話はメンターの中でもとびぬけて重要な他人力といえる。

困ったことがあって相談したいときに、相談に乗ってくれるのもメンターであるが、メンターからは、些細な会話からでも貴重な薫陶《くんとう》を受けることがある。

特に相談ごとや悩みごとがないときであっても、雑談でもよいからできるだけ接する機会をマメにつくるべきだ。人は自分よりも優れた人との触れ合いにより、自分を高めることができるのだ。

「謦咳《けいがい》に接する」という言葉がある。謦咳とは咳払いのことだ。咳払いが聞こえるほど近くにいることで、その人の立ち居振る舞いや何気ないひと言から、直接、知識、見識、胆識が学べるということである。

遠くから見ていたときには、立派な人だと思ったが、近くに寄ってみたら馬脚《ばきゃく》を現したでは、メンターとはいえない。人格に触れることで、より深く尊敬できる人がメンターなのである。

では、メンターという他人力を我がものとするためには、どうすればよいのだろうか。

メンターを求めて外に出よ

「この人がメンターだ！」と決めて会いに行くことができればいいが、自分にとってのメンターとは、会って話しているうちにしだいにメンターとわかってくるものだ。場合によっては、会って数分間も経たないのに「この人がメンターだ！」とピピッとアンテナが反応することもある。

社外にメンターを求めるには、できるだけ数多くの出会いのチャンスをつくることである。そのためには、なにより外へ出ることが肝心だ。月に一度くらいは異業種交流会や講演会に参加するのはひとつの方法である。同業者の集まりであっても、機会があったら参加してみることだ。同業者にメンターがいることも珍しくない。

取引先の人をメンターとすることは、必ずしも不可能ではないが、現役時代は利害関係が伴うため、お互いに距離を置くことが多い。長年付き合いがあって、人柄、見識ともに優れた銀行の担当者を、銀行を退職した段階で後継者のメンターとして会社の顧問に招いた経営者もいた。

メンターに関しては、リーダーたる人が心得ておくべき大事なことがひとつある。

それは、「リーダー自身がフォロワーにとってのメンターとなるべき」ということだ。組織に属する人にとって、社内にメンターがいるほどラッキーなことはない。リーダーは自身の三識、特に胆識を磨いて、フォロワーにとってのよきメンターたらんことを心がけるべきである。

Chapter 5-6

目線は高く腰を低く、謙虚さが伸びる人の基本姿勢

「実るほど頭《こうべ》を垂れる稲穂かな」という句がある。

実った稲というのは、内容の充実した、成功した人という解釈でもよい。成功した人ほど、人に対しては態度がていねいとなり、腰が低くなる。逆にいえば、謙虚な人が成功者になるということだ。

謙虚さは、成功者の条件のひとつといえる。

そんなはずはない、成功者には尊大な人も多いではないか、という意見もあろう。たしかに、一見、成功者に見える人が、周囲に向かって居丈高《いたけだか》に接している姿を見ることもある。

しかし、多くの場合、そういう成功者はたまたま幸運に恵まれただけの偶発的成功者であって、いずれ化けの皮がはがれてしまう。長続きしないニセモノである。世の中には長い目で見れば、本物の成功者とはいえないような、えせ成功者が圧倒的に多いのである。

彼らは、ある大病に侵されているせいで、不遜《ふそん》であることを偉さと勘違いしてしまっているのである。大病とは傲慢さである。

「人生の大病は傲《おごり》の一字である」（王陽明）という。

傲慢さは、周囲の人に不快感を与えるのみならず、本人にとっても、よい結果をもたらさない。「驕慢《きょうまん》、驕奢《きょうしゃ》、すなわち凶これに従う」なのである。

傲慢さ、驕慢さは、やがて本人の身を亡ぼすこととなる。一流の人間は本当の自信があるので威張らない。中身内容がお粗末なやからほど、虚勢をはって傲慢な言動に走る。

『書経』（中国古典）には「満は損を招き謙は益を受く」とある。

満とは奢り高ぶり、傲慢のことだ。

本物の成功者と一時的なえせ成功者の違いは、傲慢さ、驕慢さの有無によって見極めることができるのである。

人と人との出会いでは、第一印象が肝心である。

『最初の4分間（原題：The First Four Minutes）』という、ひと昔前のアメリカのベストセラーがあった。この本でいわれているように、初めて会った人に対する印象は、最初の4分間でほとんど決まってしまうという。また、最初の印象はほとんどの場合、生涯変わらないことが多いという。「この人は謙虚な人だ」という第一印象は、一生の財産になることが多い。逆に傲慢は一瞬にして敵をつくる。

メンターに接するときは言動を慎重に

メンターとは、ひとかどの成功者であることが多い。したがって、メンターとなるような人は、一様に謙虚であり、低姿勢な人である。要するに威張らない人なのだ。

そういうメンターと接する際、相手の腰が低いのをいいことに、初対面の相手に対し、こちらがなれなれしく振る舞ったり、あつかましい態度をとるようなことは、絶対にご法度だ。せっかくのメンターとの出会いを、自ら台無しにしかねないからだ。

人に対し謙虚で、誠実であることは、他人力を使うためには必須の条件である。

メンターとの間に、良好な人間関係ができてからも、言動や態度は慎重であることが求められる。師弟の礼を破ってはならないのだ。相手の考え方や流儀に慣れるのはよいが、狎《な》れるのは禁物である。「親しき仲にも礼儀あり」なのだ。

師弟の礼を守れとは、形式的なことをいっているのではなく、それが慢心や傲慢を抑える安全弁だからだ。メンターが言うことに対し「そんなことはわかっている」「いまさら聞くまでもない」「そんなことには関心がない」と思うのは、狎れと傲の表れである。

傲があると聞く側の心が曇る。せっかくメンターの謦咳に接するほど近くにいても、傲慢さで心が曇っていては、メンターの教えは心に届かない。傲慢さは自ら成長の機会を放棄しているに等しい。実るほど頭を垂れる稲穂は、実るためにも頭を垂れなければならないのである。

Chapter 5-7

フォロワーから学ぶことをためらうな

メンターの条件のひとつに「学ぶものがある人」を挙げているが、学ぶものがある人の条件とは、自らよく学び続ける人ということになる。

「我《われ》以《い》外《がい》皆《みな》我《わが》師《し》」は、国民的作家、吉川英治の座右の銘だったというが、まさに人は学ぼうとすれば自分以外のすべて、自然や動植物にさえ学ぶことができる。いわんやフォロワー（部下）からも学ぶとなれば、学ぶべきことは数多い。

長年、一緒に仕事をしている部下とは、仕事に対する考え方だけでなく、生き方や人生の価値観まで似てくることがある。それは、必ずしもリーダーの影響が部下に及んでいるばかりではなく、リーダーが部下の影響を受けていることもある。

かつて、私に大事なことを教えてくれた部下がいた。

教えてくれたのは、女性社員である。

会社には、販売店の担当や製造というものづくりを担当する直接部門と、営業補佐や総務などを担当する間接部門の両方に女性社員がいた。

直接部門は黒字という数字を出すことで脚光を浴びることもできるが、間接部門は直接部門の社員が黒字を出すためのサポートをする。いわば黒子であり、目立たない存在である。

私は、目立たないところで頑張っている、縁の下の力持ちの間接部門の社員には、特に気をつかって接していた。

ところが、そうした私の姿勢に、直接部門の営業担当の女性からクレームがついた。社長は、エコヒイキをしているのというのだ。

いわく「自分たちだって頑張って結果を出しているのに、社長は私たちに対するより、間接部門の人ばかりほめている」、だから自分たちは差別されているというのだ。

リーダーに対するフォロワーの要求

一見些細なことであっても、それを受け止める人の心は一様ではない。

私が経営者でなければ、「君たち営業は、結果を出して目立つことができるし、賞賛されるじゃないか、私は、陰で頑張っている人に、特にていねいに接しているのだ」といって済ませてよかったかもしれない。

しかし、私は彼女たちからひとつの事実を教わった。

直接部門の女性たちの不満の真相が、私にもっと尊敬できる存在であってほしいということだとわかったのだ。

社員は、自分が所属する組織のトップには、人並み以上の高い人格と高潔さ（インテグリティー）を求めるものである。

社員にとって経営者とは、心から尊敬できる人であってもらいたい存在なのだと、私はこのときに痛感した。尊敬できる人に求められる条件の中で重要な点は、誠意と公平さ、そして言動が首尾一貫ということだ。

とはいえ、リーダーといえども人間である。常に、聖人君子のように清く正しく美しく振舞うよう求められるのは肩が凝るし胃がもたれる。

しかし、社員にそういう気持ちのあることがわかった以上は、モラトリアム（わかったうえで放置すること）でいることはできない。

私は、社員に対する態度を改めることにした。直接部門、間接部門の社員に対し、どちらに対しても可能な限り近づき、公平に接して笑顔で声をかけるようにした。すると、部下の私を見る目が心なしか変わってきた。

Chapter 5-8

うるさく吠える犬はよい犬

始皇帝亡き後の中国で、漢の高祖となる劉邦と覇《は》を争った項羽は、諫言に及んだ側近を煮殺したことでも有名である。

煮殺された側近は韓生といった。韓生は、項羽が秦の都から故郷の楚《そ》の国へ帰ろうとするとき、この地に留まるよう進言した。秦《しん》の都である咸陽《かんよう》は地政学的にも要衝《ようしょう》の地であり、項羽が去ればだれかがこの地を支配する。その不利を説いたのである。

しかし、項羽は韓生の意見に耳を貸そうとしなかった。

このとき項羽が言った言葉が、有名な「富貴にして故郷に帰らざるは、錦をきて夜行くが如し」である。せっかく成功しても、故郷に錦を飾れないようでは、成功した意味がないということだ。

その後、韓生は項羽の不興を買い処刑されることになるが、この諫言が理由ではない。韓生は、意見が取り入れられなかったことを不満に思い、周囲に「楚人《そひと》は沐猴《もくこう》にして冠するのみといわれているが、なるほどそのとおりだ」と項羽を侮辱する言葉を口にしたのである。

楚人とは項羽のことであり、沐猴とは猿のことだ。項羽は、野蛮で猿が冠を着けているような人物だと悪口を言ったことが、韓生が処刑された理由である。項羽といえども、諫言に対して怒りを露わにしたのではない。諫言することまでは許していたのだ。

メッセンジャーは撃つな

原理原則を知らない将では、勝つことはできない。

項羽は、ここでひとつ間違いを犯している。間違いとは、英語でいう「メッセンジャーは撃つな（〝Don't shoot the messenger.〟）」の原則に反していることだ。

悪いニュースを持ってきた者を、不愉快だからといって撃ってしまっては、以後、悪いニュースは一切入って来なくなる。

バッドニュースほどニュース価値は高いのにだ。

厳密には、処刑理由は別の咎《とが》であっても、結果的に諫言した者を殺してしまっては、もう項羽に諫言する者は出て来なくなる。

出て来るのは、お世辞や追従など〝Disinformation（偽情報）〟の提供者ばかりである。

「千人の諾々《だくだく》は一士の諤々《がくがく》に如かず」（『史記』）という。

１０００人のイエスマンの賛辞など、ひとりの硬骨の士の直言には及ばないのだ。

項羽は自ら情報源を絶ってしまった。これが大きな間違いである。

情報の重要さを知っていれば、自分の悪口くらいは我慢して、それで多くの情報が集まるのなら、そのほうがはるかに得であると判断できたはずだ。

韓生にも間違いがある。韓生の仕事は、項羽を動かし、中国に新しい統一王朝を築くことである。一度や二度、意見を拒否されて、あきらめるようでは職務資格がない。

韓生は、項羽に聞き入れられるよう、折衷案《せっちゅうあん》を摸索してでも諫言を続けるのが仕事だ。そして、三度意見を述べても聞き入れられないようであれば、そこを去るか、項羽の方針に沿って、全力を尽くすのが韓生の役割である。

陰で悪口を言うなど愚の骨頂だ。ボスという他人を使えないフォロワーでは、よいフォロワーといえない。

人はよきリーダーとなる前には、よきフォロワーである必要があるのだ。ただし、よきフォロワーであるためには、何から何まで上司の言うことに唯唯諾諾《いいだくだく》と従ってはならない。上司の言うことが明らかに間違っていると思ったら、勇気を出して反論異論を唱える必要がある。従っただけのフォロワーでは、上司の仕事に付加価値を加えていない。積極的な代替案を伴って上司に反対意見を述べるのが、付加価値提供型のよきフォロワーである。

ときには、うるさく吠えよう。

Chapter 5-9

上司という他人力に学べ

「サラリーマンの幸せの80%は上司との関係で決まる」という常套句《じょうとうく》がある。

組織に属する人間にとっては、上司との相性が、ある意味、人生を左右するということだ。かなうものであれば、相性のよい上司、理想的にはメンターと呼べるような上司の下で働きたいとは、ビジネスパーソンであればだれしもが願うことである。

上司という最も身近な存在がメンターであれば、これほどラッキーなことはない。メンターと呼べる上司からは、直接に、素直に、多くのことを学ぶことができるからだ。

こんなに恵まれた環境はないだろう。

では、相性の悪い上司からは何も学ぶことがないのかというと、そうではない。私は、メンターと呼べるような上司にも恵まれたし、極めて相性の悪い上司の下で泣きたいほど苦労したこともあった。

相性の悪い上司とは、ことごとく意見が衝突したし、人間的にも、とても尊敬しようという気が起こらなかった。

だが、この上司からも、非常に大切なことを教えてもらったのである。

相性の悪かった上司が私に教えてくれたのは、「仕事はチームでするもの」ということの本質についてであった。

ある年の週末、明日の土曜日から三連休という金曜日の夕方、取引先でちょっとしたトラブルが起きた。

上司はすでに出かけてしまって、この日はそのまま帰宅する予定だった。携帯やメールのない時代である。連絡は自宅か、連休明けまで待つしかない。

私は、せっかくの連休前だし、自宅に連絡して水を差すのも気の毒と思い、また、トラブルといっても私には解決策があったので後者を選択した。

そうして、私はこのトラブルを無事収拾し、連休明けに上司に報告した。

相性の悪さを越えて発揮するのがチーム力

私は、無事トラブルを解決したことを誇らしげに報告したのだが、上司から大目玉を食らった。なぜ、連絡をしなかったのかというのが、その理由だ。

「他にも何か隠していることがあるんじゃないか」とも言われた。

私は、トラブルを無事に解決したのに、あらぬ疑いまでかけられ、憤懣《ふんまん》やるかたない思いだったが、このとき次のことに気付いた。いや、悟ったのである。

もし、私と上司との相性がよければ、連絡をしなかった点は責められるだろうが、上司の反応も私の受ける印象も違っていただろう。

しかし、人と人との関わり合いの中では、自ずと相性のよしあしはあるものだ。同じベクトルの中にいるとはいえ、価値観や考え方にはそれぞれわずかな違いはある。相性が悪いことを理由に、チームのパフォーマンスを下げることは許されない。

相手が上司であれ、部下であれ、相性の悪さを乗り越えて歩み寄らなければ、チームで仕事をするということはできない、ということをこのとき痛感したのである。

相性が悪いからとあきらめてしまうのは他責である。

他責の人は、他人力を自分の力にすることはできないのだ。他人力を自分の力として使える人とは、「電信柱が高いのも、郵便ポストが赤いのも、みんな私が悪いのよ」という自責の人だけなのである。

反対に他責の人は次の歌（私の自作）を歌う。

「むずかしい、とてもできない、ヒマがない、金も足りない、人も足りない」

Chapter 5-10

学ぶべき人、学んではいけない人を見分けよ

「巧言令色鮮し仁《こうげんれいしょくすくなしじん》」（『論語』）という。

弁舌さわやかで、上辺の愛想だけはよいという人に、誠実な人はいないということである。見た目のよい人は、それだけで得をするということは事実だが、それはほんの一時的なことだ。人の真価は、その包装紙ではなく中身にある。

見た目のよさとは、肩書きや経歴、実績、すなわち名刺や経歴書に書いてあることだ。人は、そういうペーパー情報で判断されがちなものだが、真実は、紙に書いてあることだけではわからないことのほうが多い。

実績はそれなりに評価できるが、その実績が本人の実力によるものか、たまたま巡り合わせがよかっただけなのかは、よく聞いてみなければわからない。

急成長している会社に所属していれば、だれが何をやっても、ある程度の実績をあげることはできる。それは、いわば上げ潮に乗っているようなもので、本人に実力があっての結果とはいえない。

したがって、肩書きや経歴書だけで、人を判断するのは正しいやりかたとはいえない。アマ

チュアとは、会社の名刺で仕事をする人のことであり、プロとは名刺がなくても自分の頭で考え、自分の足で歩き、自分の腕で稼げる人である。

学んではいけない人の条件

メンターの条件、すなわち学ぶべき人の条件は先述したとおりだが、ここで「学ぶべきではない人の特徴」についても述べておきたい。

次のいずれかに当てはまる人は、学ぶ相手として相応しくない。

●自分の手柄自慢はするが、失敗は他人のせいにする他責の人

他責の人に本物のリーダーはいない。面倒なこと、嫌なことは何でも人のせいにして放り出してしまうから、自分の中には軽薄な自慢話しか残っていない。失敗は貴重な体験である。貴重な経験を捨て去っている他責の人は、学ぶべき中身のない人である。

私は、最低の経営者とは、会社の業績が悪くなったとき「世間の景気が悪い」と言う人だと考えている。

もうひとつ、ダメな経営者は「人が育っていない」と言う。育っていないのではない。育てていないのである。さらに繰り返すならば、ダメ経営者は社員に対して「頑張れ！」と言う。「頑張れ」は押しつけである。「頑張ろう！」と言うべきなのだ。〝オレもやるからお前も

やれ〟ということだ。

●情熱のない人

本物のリーダーは一見穏やかに見えても、必ず心の内では静かな情熱が燃えているものだ。情熱は人を鼓舞し、惹きつける重要なエネルギー源である。上司がシラけていて、部下がやる気を起こすということはあり得ない。

●理念、志のない人

どんなに立派な実績があろうと、どんなに優れたスキルを持っていようと、理念、志のない人からは学ぶべきものはない。理念、志のない人は、行き先の決まっていない船と同じである。いくら船の性能がよくても、行き先を定めない船は漂流船である。理念、志のない人について行けば、共に漂流し、最後は難破することになる。

銀行出身の友人に聞いたところ、銀行が融資実行の判断材料とするのは、会社の成長性や財務状況よりも、経営者が右に述べた三点を備えている人物かどうかが、大きいのだという。

ただし、この友人は例外的な優れもので、ほとんどの銀行マンは、経営者の人間性や人格は問題としない。目先の財務状況や担保の有無で融資の可否を決めているというのも紛れもない（残念な）事実である。

Chapter 5-11

学んだことを忘れない秘訣は、必ず実行することである

学んだことは実行することで、はじめて本物の「力」となる。「知って行わざるは知らざるに同じ」（貝原益軒）という。

語学では、学んだ言葉を忘れないためには、その言葉を使うことが基本中の基本だ。語学は、使うことで「語学力」となるのである。

他人力をつけるために学んだことを実行するのは、そう難しい話ではない。どれひとつとっても、いまからでも実行できることばかりである。

たとえば、相手を尊重することで、人を動かすということをとってみよう。

相手を尊重するというのは、相手が持っている自己重要感を尊重することである。良寛和尚《りょうかんおしょう》は次のように実行した。

良寛和尚が旅の途中に、ある名主の家に泊めてもらったときのことである。

名主は、人々から尊敬される僧侶が来たというので、ぜひ自分の息子を改心させてほしいと頼み込んだ。

その名主の息子は、仕事もせずに遊んでばかりいる、まさに放蕩者《ほうとうもの》だったのである。良寛和

尚は快く引き受けた。

その晩、さっそく息子は名主に引かれるようにして、良寛和尚の居室を訪れた。しかし、良寛和尚は特に説教らしいことは何もせず、ただ、その息子の愚痴にも似た話に耳を傾けているだけだった。

次の晩も、息子は良寛和尚の部屋にやって来たが、前日同様、良寛和尚は放蕩息子の話をていねいに聴いているばかりである。

そして、次の日の朝、良寛和尚は旅立って行ってしまった。

名主は大いにガッカリした。せっかく高僧である良寛和尚に息子を諭《さと》してもらおうと思ったのに、何の成果もあげられなかったのだから無理もない。

しかし、それは名主の勘違いであった。

放蕩ばかりしていた息子は、良寛和尚が去ったその日から、一切の放蕩をやめ、人が変わったように仕事に精を出すようになったのである。

学んだことは躊躇なく実践せよ

放蕩息子は、良寛和尚のような立派な人が、自分のような者の話を真剣に聴いてくれたことで、内なる自己重要感が大いに刺激されたのである。

「自分は、あの良寛さまが認めてくれるような重要な人間である、重要な自分は、無為徒食《むいとしょく》に日々を過ごすような放蕩をしていてはいけないのだ」と気持ちを改め、やるべきことに気付いたのだ。


良寛和尚のやったことは、ただ放蕩息子の話を真剣に聴いただけである。

人の話をていねいに聴く。

これならだれでも、いますぐにできることだろう。唯一、気を付けなければいけないのは、聞くではなく、聴くということである。聞くは耳だけで心がないが、聴くのは「耳」と「心」と「目」で聴くのである。


学ぶとは真似ぶである。良寛和尚を真似るのは、おこがましいように思うが、真似できることは躊躇《ちゅうちょ》せずに真似る。

それが他人力を身につけるための第一歩である。

成功する人にひとつの著しい共通点があるとすれば、それは「素直な心だ」という松下幸之助氏の言葉がある。

素直とは、何でもかんでもハイハイと人に従うということではない。

自分の心の窓を広く開いて、どんな人からでも学ぶという気持ちのことである。

「伸びる人」は「学ぶ人」なのである。

おわりに

私は、仕事の関係で若い企業経営者とお会いすることが多い。ほとんど毎日のように会っている。

そのなかで、気付いたことがある。

彼らは、自分たちが経験と能力のある社員に助けられていることを自覚しており、そう公言してはばからない。

本当にありがたいと思っているのは、私にもよく伝わってくる。

しかし、4~5年ほど経って、会社が順調に成長した後に会ってみると、かつての「社員自慢」はすっかり影を潜め、自分の功績ばかりを口にする「自分自慢」の人になっている。その変心と変身ぶりには、一体この人は5年前と同じ人!? と愕然とするほどである。

経営者がそういう状態になってくると、会社も成長が鈍っており、「これで上がり」という状態に近づいていることが多い。

謙虚さを保つということは意外に難しい。だが、本文でも述べたが「慢は損を招き謙は益を受く」という『書経』の言葉もある。

実力や実績があると、それが人を動かす力になる反面、なまじ実力や実績があるがゆえに、他人力を生かすことができなくなるのだ。実力と実績は両刃の剣といえる。

魔が差すという言葉がある。

魔とは「間」である。実績が心にすき間をつくるのだ。そのすき間に、過信、慢心、傲慢が入り込む。だから人は「間締め」でなくてはならないのだ。

過信、慢心、傲慢が心に巣食うようになると、人は他人を尊重することを忘れ、相手の自己重要感を平気で無視するようになる。つまり、エラソー（偉相）になるのだ。

では、謙虚さを保つためにはどうすればよいか。

それは、学んで、学んで、学び続け、自信は持つが、それが過信、慢心、傲慢に高じて、ついには身を亡ぼすという悲劇を招くスキやヒマがないほど、継続して学ぶことにある。

最後に、「人生で成功するためのアイウエオ」をご紹介する。

「ア」は愛のアである。人に対する愛、部下に対する愛。「イ」は意志のイである。強い信念や意志を持つこと。「ウ」は運のウである。運に見放された人は、成功することはできない。「エ」は縁のエである。それも人の縁という人縁のことだ。「他人力」という力も、これに含まれる。そして最後の「オ」は、恩のオだ。人に対する感謝の気持ちを持ち続けることである。

この「アイウエオ」で人生はバラ色になる。

是非、この「アイウエオ」で輝かしい人生を築いていただきたい。

【著者紹介】

新　将命（あたらしまさみ）

株式会社国際ビジネスブレイン代表取締役社長。

1936年東京生まれ。早稲田大学卒。シェル石油、日本コカ・コーラ、ジョンソン・エンド・ジョンソン、フィリップスなどグローバル・エクセレント・カンパニー6社で社長職を3社、副社長職を1社経験。2003年から2011年3月まで住友商事株式会社のアドバイザリー・ボード・メンバー。

2014年7月より株式会社ティーガイアの社外取締役を務める。

現在は長年培ってきた豊富な経験と実績をベースに、国内外で「リーダー人材育成」を使命に幅広い活動に取り組んでいる、まさに「伝説の外資系トップ」と称される日本のビジネスリーダー。

実質的内容の希薄な虚論や空論とは異なり、実際に役に立つ“実論”の提唱を主軸とした独特の経営論やリーダーシップ論は、国内外のビジネスパーソンから圧倒的な支持を得ている。また、自身の経験に基づいた独特の語り口とその濃密で奥深い内容は、経営幹部層や次世代のリーダーの間で絶大な信頼と人気を誇っている。

主な著書に『経営者が絶対に「するべきこと」「してはいけないこと」』『仕事と人生を劇的に変える100の言葉』（いずれもアルファポリス）、『経営の教科書』『伝説の外資系トップが説く リーダーの教科書』（いずれもダイヤモンド社）などがあり、その他著書は多岐にわたる。

その経験に裏打ちされた原理原則とバランス感覚を軸に経営と人生を説く、日本を代表する実践的ビジネスメンターの一人である。

メールアドレス：atarashi-m@sepia.plala.or.jp

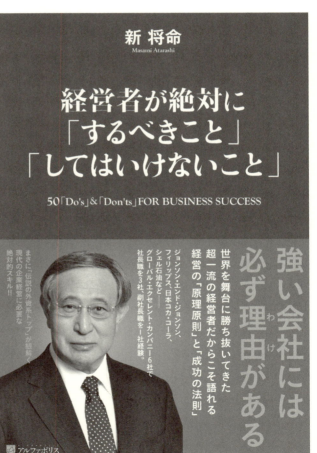

仕事と人生を劇的に変える
100の言葉

新 将命 著

◎ISBN 978-4-434-22295-5
◎定価：本体1600円＋税

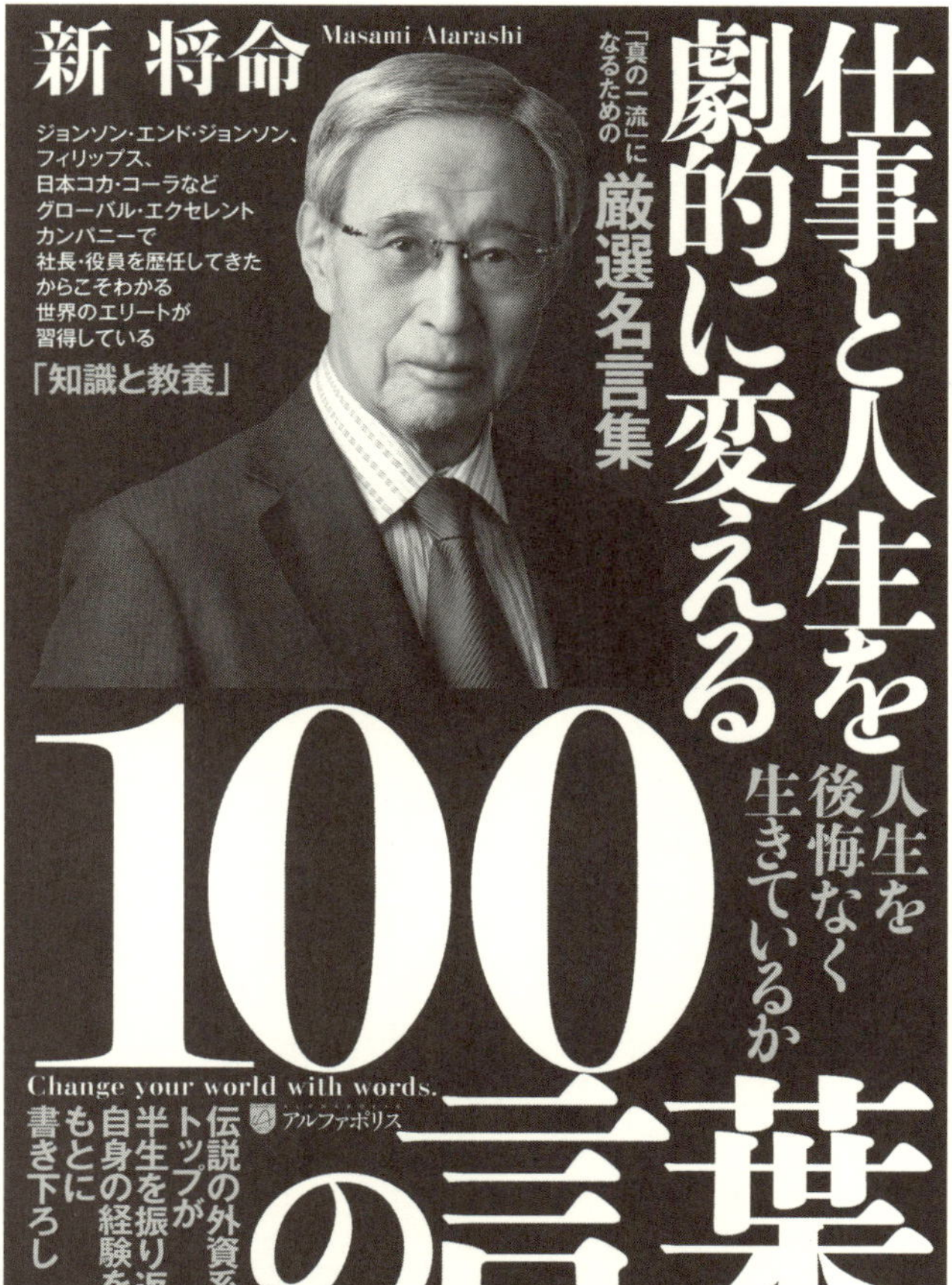

仕事も人生も「成功」には法則がある。
その法則を100のテーマで徹底解説!!

他人力のリーダーシップ論

新　将命 著

2016年 11月 30日初版発行

編　集ー原　康明
編集長ー太田鉄平
発行者ー梶本雄介
発行所ー株式会社アルファポリス
〒150-6005 東京都渋谷区恵比寿4-20-3 恵比寿ｶﾞｰﾃﾞﾝﾌﾟﾚｲｽﾀﾜｰ5F
TEL 03-6277-1601（営業）03-6277-1602（編集）
URL http://www.alphapolis.co.jp/
発売元ー株式会社星雲社
〒112-0012東京都文京区水道1-3-30
TEL 03-3868-3275
装丁・中面デザインーansyyqdesign
印刷ー中央精版印刷株式会社

価格はカバーに表示されてあります。
落丁乱丁の場合はアルファポリスまでご連絡ください。
送料は小社負担でお取り替えします。

ISBN 978-4-434-22678-6 C0034